CRIANDO CLIENTES VENDEDORES

CARO(A) LEITOR(A),

Queremos saber sua opinião sobre nossos livros.

Após a leitura, siga-nos no LinkedIn.com/company/editora-gente,
no TikTok @editoragente e no Instagram @editoragente e visite-nos no site
www.editoragente.com.br. Cadastre-se e contribua com sugestões, críticas ou elogios.

RODRIGO NOLL

CRIANDO CLIENTES VENDEDORES

COMO UTILIZAR MARKETING DE INDICAÇÃO PARA CONQUISTAR CLIENTES COM MENOS CUSTO E MAIS LUCRO

editora

Diretora
Rosely Boschini

Gerente Editorial Sênior
Rosângela de Araujo Pinheiro Barbosa

Editora Júnior
Rafaella Carrilho

Assistente Editorial
Fernanda Costa

Coordenação Editorial
Giulia Molina Frost

Produção Gráfica
Fábio Esteves

Preparação
Amanda Oliveira

Capa
Caio Duarte Capri

Projeto Gráfico e Diagramação
Plinio Ricca

Revisão
Giulia Molina Frost

Impressão
Gráfica Assahi

Rua Natingui, 379 – Vila Madalena
São Paulo, SP – CEP 05443-000
Telefone: (11) 3670-2500
Site: www.editoragente.com.br
E-mail: gente@editoragente.com.br

Dados Internacionais de Catalogação na Publicação (CIP)
Angélica Ilacqua CRB-8/7057

Noll, Rodrigo

Criando clientes vendedores : como utilizar marketing de indicação para conquistar clientes com menos custo e mais lucro / Rodrigo Noll. - São Paulo : Editora Gente, 2023.

192 p.

ISBN 978-65-5544-385-1

1. Empreendedorismo 2. Negócios 3. Vendas I. Título

23-4709 CDD 658.4012

Índice para catálogo sistemático:
1. Empreendedorismo

Este livro foi impresso pela Gráfica Assahi em papel pólen bold 70g em outubro de 2023.

NOTA DA PUBLISHER

Como aumentar as vendas? Esta é a pergunta de um milhão de dólares de qualquer dono de negócio. Quando os números estagnam ou caem, aumentar o investimento em anúncios ou se aventurar em estratégias mirabolantes para atrair mais clientes se revela, quase sempre, uma grande furada. Que empreendedor nunca sentiu que desperdiçou aquele grande investimento em uma campanha publicitária que não deu resultado? Ou fechou contrato de publicidade com o influenciador mais *hypado* do momento e não viu seus números subirem? Bem, a verdade é que, antes de conquistar mais clientes e aumentar o número de vendas, é preciso entender algo primordial: o comportamento humano.

Foi pensando nisso que Rodrigo Noll, fundador da primeira empresa do Brasil especializada na criação de estratégias comerciais de marketing de indicação, desenvolveu o Método Vendas por Indicação (VPI) e, com ele, já atendeu clientes como Sebrae, Febracis, C&A e Polishop. Ao observar que o ato de indicar é intrinsecamente humano, o autor constatou que os negócios que não utilizam isso como alavanca para as vendas estão deixando dinheiro na mesa.

Nestas páginas, você encontrará um passo a passo claro para construir um programa de indicações capaz de impulsionar a sua empresa e gerar valor para o seu consumidor. Mais do que isso, aprenderá como não depender da sorte e das circunstâncias para vender mais e melhor.

Chegou o momento de usar o marketing de indicação ao seu favor. Vamos juntos?

Rosely Boschini

CEO e Publisher da Editora Gente

À minha família. Seu afeto, educação e disciplina foram fundamentais para me permitirem construir as bases para chegar onde cheguei. Este livro é minha maneira de honrar meus pais pelo que fizeram por mim.

Aos empreendedores, empresários, profissionais liberais, autônomos, vendedores brasileiros e a todos que, mesmo com mau tempo, acordam todos os dias para fazer a economia girar, pagando salários, impostos e atravessando todo tipo de dificuldade, sem desistirem.

AGRADECIMENTOS

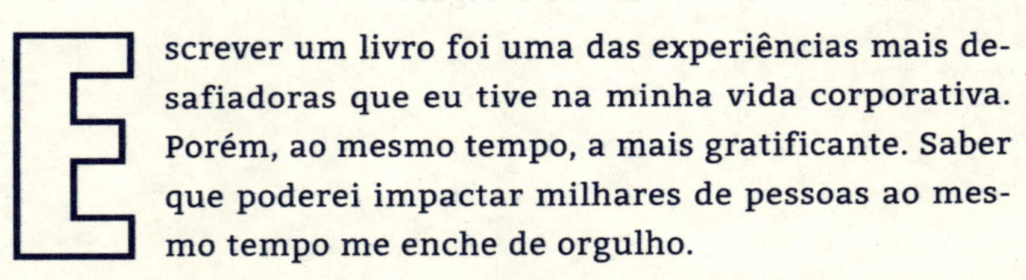
Escrever um livro foi uma das experiências mais desafiadoras que eu tive na minha vida corporativa. Porém, ao mesmo tempo, a mais gratificante. Saber que poderei impactar milhares de pessoas ao mesmo tempo me enche de orgulho.

Quero aproveitar para agradecer algumas pessoas que estiverem comigo ao longo dessa trajetória. Começo agradecendo ao meu amor Hellen, que me apoia, me incentiva, me dá carinho e faz a minha vida mais feliz.

Ao meu sócio Leandro Freitas, que tem sido meu mentor de vida e de negócios, amigo e parceiro de viagens há mais de dez anos. Também ao meu sócio Eduardo Cauduro, com o qual compartilho a nada fácil jornada empreendedora que tem se desenvolvido muito nos últimos anos.

Agradeço ao Alfredo Soares, que é meu mentor de negócios, de carreira, virou um amigo pessoal e que escreveu o prefácio deste livro.

Também à equipe da Base Viral com a qual trabalho junto todos os dias e que faz a nossa empresa funcionar; aos clientes da Base Viral, que confiam na empresa e colaboram com o desenvolvimento contínuo do Método VPI nos dando feedback e falando bem da gente por aí.

Aos meus amigos e colegas de G4 Club que, mesmo sem saber, ajudam no meu desenvolvimento como empresário.

À Rosely Boschini e à equipe da Editora Gente que foram impecáveis no processo de me ajudar a tirar essa obra do papel, e à Silvia que me ajudou com a concepção do projeto desde o dia 1.

A todos vocês, meu muito obrigado.

SUMÁRIO

PREFÁCIO

INDICA UM AMIGO AÍ?

Quero propor um desafio. Pega o seu celular agora, abra o seu WhatsApp e conte o número de mensagens que você manda todos os dias. Eu arrisco a dizer que você troca mais de dez mensagens por dia com, pelo menos, dez pessoas diferentes, entre grupos e contatos da sua agenda. Eu, com toda a certeza, troco muito mais que isso!

Se antes nós só conversávamos com as pessoas quando nos encontrávamos pessoalmente ou então precisávamos de um telefonema para fazer essa ponte, a tecnologia quebrou essa barreira. No mundo de hoje, é possível trocar mensagens com pessoas de qualquer lugar do mundo instantaneamente. Não tem mais hora nem lugar. Isso aumentou (e muito!) a interação entre as pessoas e ajudou a potencializar negócios como o marketing de indicação.

Falando em indicação, aposto que você já recomendou um produto que comprou e gostou muito para um amigo. Ou comprou algo indicado por um amigo. Ele comprou, gostou, indicou, você comprou, também gostou e indicou para outra pessoa. É o famoso e antigo boca a boca. Essa indicação pessoal, de amigo para amigo, é uma joia rara e pouquíssima usada pelos empreendedores no Brasil. Daí que entra o trabalho do Rodrigo Noll. Ele consegue transformar esse processo dos clientes em uma máquina de vendas previsível que você pode ativar de acordo com a necessidade do seu negócio. Sim, ele mostra neste livro que é possível usar as indicações como estratégia de vendas e marketing da sua empresa.

O digital acelerou e potencializou a indicação natural. Todo mundo tem uma lista de contatos com potenciais clientes para aquela loja que tanto gosta ou aquele comércio que o tratou bem. E tem mais: as pessoas querem mostrar o que vestem, compram e consomem nas redes sociais.

Enquanto a maioria das empresas precisam colocar verbas cada vez mais altas em anúncios no Google e na Meta para aparecer para mais pessoas e tentarem vender mais no meio digital, o Rodrigo mostra que existe um antigo novo jeito de vender: por meio das indicações. Antigo porque indicar é um comportamento comum dos seres humanos e algo que sempre existiu e nunca deixará de existir. E novo porque ele criou um método inédito que vai fazer com que a sua empresa possa controlar esse processo a fim de que ele transforme o seu cliente em um grande vendedor do seu produto ou serviço.

Com as indicações, ninguém mais precisa ficar refém da publicidade ou dependendo dos algoritmos da entrega orgânica do Instagram e do Facebook para vender mais. É um mercado gigante que está a sua espera.

Como eu defendo no meu livro *Todos somos uma marca*, não há ninguém melhor do que o seu próprio cliente para falar do seu produto. Além de dar maior credibilidade, essa pessoa sabe exatamente o perfil do amigo e sabe que aquilo interessará a ele. É uma venda certa.

Como o Rodrigo fala, para vender por indicações você só precisa ter clientes satisfeitos. E se ele fala, eu assino embaixo. O Rodrigo Noll é um dos caras mais focados e estudiosos que conheço. Não é à toa que ele é a maior referência em marketing de indicação no Brasil. Não duvido que em pouco tempo ele se torne o melhor da América Latina e conquiste o mundo. Ele é focado e obstinado em fazer o faturamento das empresas crescerem por meio das indicações. Por isso, não se importa em explicar quantas vezes forem necessárias o que é o marketing de indicação e como trabalhar com esse tesouro.

Neste livro, ele entregou tudo o que aprendeu e validou em mais de uma década de trabalho. E se o Rodrigo fala que dá certo, confie no que ele diz.

Antes de terminar, quero que você entenda desde já o poder das indicações. Então, que tal indicar este livro para dois ou três amigos? Certamente, pelo menos um deles vai se interessar e comprar este livro também. Você vai ver como a sua opinião faz diferença na vida das pessoas. E olha que nem aprendeu o método do Rodrigo Noll ainda.

Imagina quando dominar a arte de incentivar as indicações dos seus clientes? Então, comece já aprender tudo sobre esse processo e bora vender!

Alfredo Soares

Autor best-seller dos livros *Bora vender, Bora varejo* e *Todos somos uma marca.*

INTRODUÇÃO

Certamente você já comprou um produto ou contratou um serviço por indicação de um amigo, colega de trabalho, vizinho, familiar ou qualquer outra pessoa da sua convivência. Tente recordar uma situação como essa e tenho certeza que se lembrará de algum exemplo.

E se você tem uma empresa, é profissional liberal, autônomo ou trabalha com vendas, com certeza também já vendeu por indicação. Pode ser que você nem saiba, mas alguém já deve ter recomendado seu negócio e isso resultou em uma venda. Indicar está no nosso DNA, é algo natural para nós. Todos gostamos de compartilhar experiências com empresas, tanto positivas como negativas.

Agora, vamos refletir: se todo mundo gosta de indicar, por que não incentivar essas indicações para que se tornem uma fonte de lucro que você controla, acelera quando precisa bater uma meta ou vender mais e até mesmo desacelera quando é conveniente para a sua estratégia de negócio? Imagine o valor desse ato voluntário que é quase que totalmente realizado por seus clientes!

Essa foi a provocação que fiz a mim mesmo quando trabalhava no marketing de uma empresa do ramo turístico. O ano era 2015, eu havia sido promovido a diretor do departamento e uma das primeiras coisas que fiz foi procurar conhecer muito bem os nossos clientes. Além de fazer esse contato por telefone, também ia visitá-los e, nesses encontros, tentava absorver o máximo de detalhes possíveis. Eu ouvia o que eles falavam, conhecia o espaço em que trabalhavam (às vezes até a casa em que moravam), conhecia a vizinhança, seus hábitos, rotina e até seus medos, objetivos e sonhos. Esse conjunto de informações me ajudava a conhecer a fundo cada um deles, algo que eu acredito que seja a tarefa mais importante de um vendedor, de um empreendedor ou de um marqueteiro. Quando você estreita esse contato, consegue entender melhor o mercado em que atua, conhece melhor as dores do seu cliente, propor melhores soluções para os problemas apresentados e ainda obtém informações que ajudam a melhorar o seu próprio negócio.

Aproveitava a oportunidade também para perguntar "como você nos conheceu?". A resposta era quase sempre a mesma: "ah, foi uma indicação". E completavam com "Rodrigo, eu gosto tanto da empresa de vocês que até já a indiquei para o meu tio/amigo/irmão" ou "Rodrigo, já indiquei vocês para um monte de gente, viu?".

Foi nesse momento que me caiu a ficha do grande valor desse ato voluntário dos clientes. A venda boca a boca já era uma realidade, mas há algo maior ali. Meu faro não falha quando o assunto é venda. Pensei: *se a gente já vende tanto por indicação sem nem mesmo lembrar nossos clientes de recomendar o nosso serviço, o que será que acontece se eu passar a incentivar de maneira ativa os clientes a nos indicar para seus amigos/parentes*? Boom! Na minha cabeça, eu havia encontrado uma mina de ouro. Restava saber se iria dar certo. Então fui para o campo de batalha.

Criei meu primeiro Programa Indicações e, em pouco tempo, a realidade de vendas da empresa foi completamente transformada para melhor. Registramos um aumento vertiginoso nas vendas por indicação e, até o momento em que escrevo este livro, quase uma década depois, esse canal de aquisição de clientes ainda representa 65% do faturamento anual. O que aconteceu é que, apesar de a empresa já possuir campanhas isoladas de indicação, eu profissionalizei esse canal de vendas desenvolvendo um programa com métricas, escalabilidade e margens de lucro. Você consegue imaginar o impacto no seu negócio se também criar o seu programa de indicação?

É isso que eu vou lhe ensinar neste livro. Vou mostrar como transformar a indicação boca a boca dos seus clientes atuais, que é orgânica e não está sob seu controle, em uma fonte previsível, escalável e controlável de novas indicações. Tudo isso por meio de ações simples e sem precisar dar descontos, gastar em anúncios ou adquirir ferramentas ou softwares caros. O que você precisa fazer é incentivar esse comportamento a favor do seu negócio.

Talvez você tenha pensado: *mas eu não tenho o orçamento, o acesso, a marca forte e muito menos a influência que outras empresas têm. Será que isso é para mim?* E a resposta é sim! O que você vai aprender aqui pode ser aplicado em negócios de qualquer porte e tipo. A única condição essencial é já ter sido recomendado a alguém pelos seus clientes. E quem nunca foi indicado?

EMPRESAS QUE NÃO TÊM UM PROGRAMA DE INDICAÇÕES ATIVO EM SEU NEGÓCIO ESTÃO DEIXANDO DINHEIRO NA MESA.

@RODRIGONOLL

Nessa estratégia todo mundo sai ganhando: o cliente, que pode ser recompensado; o amigo indicado, que também pode obter uma vantagem para ter acesso ao seu produto/serviço; e o empreendedor, que garante uma nova venda e um novo cliente fidelizado. Esse é o efeito *win-win-win* (algo como ganha-ganha-ganha, em português).

O MARKETING DE INDICAÇÃO NÃO É UMA TENDÊNCIA PASSAGEIRA QUE LOGO VAI SER SUBSTITUÍDA POR OUTRA NOVIDADE.

O marketing de indicação não é uma tendência passageira que logo vai ser substituída por outra novidade, também não estamos falando de uma tecnologia que vai cair em desuso, mas sim de um comportamento permanente do ser humano. Portanto, o que você aprender aqui poderá ser aplicado para sempre.

E falo com propriedade. Sou Rodrigo Noll, o maior especialista em marketing e vendas por indicação do Brasil e fundador da Base Viral, a primeira empresa especializada na criação de programas de indicação do país. Ao longo dos anos, trabalhei com inúmeros clientes e ensinei milhares de alunos em nossos cursos. Minha experiência deixa claro que empresas que não dispõem de um programa de indicações ativo em seu negócio, estão deixando dinheiro na mesa. Seja você um empreendedor individual, um grande empresário, um microempresário, um autônomo e até colaborador de uma empresa, este livro oferece uma solução simples para impulsionar o crescimento e principalmente aumentar os lucros do seu negócio. Este livro é uma extensão do meu trabalho com meus clientes, pensado para que mais gente possa se beneficiar da estratégia.

Eu já estive à frente de vários negócios em crescimento ao longo da minha carreira, aprendi muito com todas essas experiências e tive a oportunidade de ter grandes mentores nessa jornada. Sinto que o mínimo que posso fazer é compartilhar tudo isso com outros profissionais. Minha missão é dar qualidade de vida ao empreendedor através da melhoria de processos de gestão, marketing e vendas. Sei que movimentando as alavancas certas qualquer negócio cresce, e, principalmente, dá margem e lucro.

Embora o marketing de indicação ainda seja pouco explorado no Brasil da maneira como será apresentado aqui, garanto que é uma área que possui um potencial enorme. Com 21 milhões de empresas ativas no país,[1] poucas estão aproveitando essa vantagem. Lá fora, o *referral marketing*, como o marketing de indicação é chamado em inglês, já é uma realidade consolidada.

Aproveite e esteja um passo à frente. O mercado está em constante transformação, e logo a palavra positiva de seu cliente se tornará a estratégia mais importante para adquirir novos clientes para o seu negócio. Se você vende por indicação, mas ainda não tem um programa ativo voltado para esse tipo de venda, está subestimando seu potencial, deixando de crescer e dando a oportunidade de concorrentes lucrarem usando essa estratégia.

A jornada que vai transformar a sua mentalidade empreendedora e a história da sua empresa está só começando.

Nos vemos nos próximos capítulos!

---

1 BRASIL. Ministério do Desenvolvimento, Indústria, Comércio e Serviços. Secretaria da Microempresa e Empresa de Pequeno Porte e do Empreendedorismo Departamento Nacional de Registro Empresarial e Integração. **Mapas de empresas**: Boletim do 1º quadrimestre/2023. Brasília, 29 maio 2023. Disponível em: https://www.gov.br/empresas-e-negocios/pt-br/mapa-de-empresas. Acesso em: 16 ago. 2023.

QUEIRA VOCÊ OU NÃO, SEU CLIENTE VENDE O SEU NEGÓCIO MELHOR DO QUE VOCÊ MESMO.

@RODRIGONOLL

VOCÊ VENDE TANTO QUANTO GOSTARIA?

Empreender está entre as grandes aspirações do brasileiro. Aliás, àquela frase de que há três coisas que todos deveríamos fazer na vida – ter um filho, plantar uma árvore e escrever um livro – atribuída ao poeta cubano José Martí,[2] eu acrescentaria: abrir uma empresa. Pelo menos no Brasil, país em que cerca de 60% da população almeja um negócio próprio.[3] Mais do que a realização de um sonho, esse movimento é a garantia de ter uma renda sem depender de um emprego tradicional, a oportunidade de dar um futuro melhor para a família e ainda a chance de fazer a diferença no mundo.

---

2 MONZÓ, Q. Libro, árbol, hijo. **La Vanguardia**, 5 jun. 2015. Disponível em: https://www.lavanguardia.com/magazine/personalidades/libro-arbol-hijo.html. Acesso em: 17 jul. 2023.

3 EMPREENDEDORISMO no Brasil 2022: Relatório executivo. **Global Entrepreneurship Monitor**. Disponível em: https://datasebrae.com.br/wp-content/uploads/2023/05/GEM-BR-2022-2023-Relatorio-Executivo-v7-REVISTO-mai-23.pdf. p. 7. Acesso em: 17 jul 2023.

Mas você sabe o que é preciso para abrir uma empresa? Se pensou que só basta ter uma ideia na cabeça e conhecimento técnico, está muito enganado. Ter um negócio exige mais do que apenas abrir a sua loja ou consultório e cuidar de partes da administração. Você precisa também saber vender. Isso mesmo!

Quando eu falo em vender, tenho certeza de que vem à mente a pessoa que está atrás do balcão oferecendo produtos para o cliente que está entrando na loja. Ou a pessoa que abriu um site na internet e vende roupas, cosméticos, suplementos, enfim, o que for. Essas são as interpretações clássicas de vendas. Mas um dentista quando recebe um paciente, faz um diagnóstico e um orçamento do tratamento também está vendendo. Quando um técnico vai até a casa de um cliente para consertar a máquina de lavar roupas também está vendendo. Quando um designer faz um site, ele está vendendo. A diferença entre eles é que os primeiros vendem produtos e os demais vendem serviços.

Um negócio sem vendas não existe. Independentemente do seu ramo, porte ou ramo de atividade, para lucrar e crescer você precisa vender. No livro *Ready, Fire, Aim*,[4] o autor Michael Masterson compara o crescimento e faturamento de uma empresa com a vida. Para ele, um negócio, assim como uma pessoa, tem necessidades diferentes em cada fase da vida. Quando uma empresa está começando, é um bebê, e o que ela mais precisa é vender. Essa é a sua necessidade nesse período. Conforme ela cresce, isso muda. Em determinado momento terá que investir em produtos, depois em canais e, enquanto isso, continua crescendo e amadurecendo. Mas as vendas são a base desse processo.

---

4 MASTERSON, M. **Ready, Fire, Aim**: zero to $100 million in no time flat. Estados Unidos: New Jersey: John Wiley & Sons, 2007.

VENDAS É O OXIGÊNIO DO SEU NEGÓCIO. NEGÓCIOS SEM VENDAS SIMPLESMENTE NÃO EXISTEM.

@RODRIGONOLL

E se há vendas, existe marketing. Atualmente, não há como vender sem a mínima estratégia de promoção. O mercado mudou, a concorrência está gigantesca e não dá mais para ficar sentado esperando que uma pessoa se interesse pelo seu produto ou serviço e, sem qualquer estímulo ou atrativo, decida-se pela compra. Quem faz isso vive de uma venda por dia.

O que significa viver de uma venda por dia? Significa precisar conquistar novos clientes todos os dias para conseguir manter a empresa em pé. É atender, por exemplo, dez pessoas hoje, e amanhã precisar buscar outras dez porque as do dia anterior não retornam mais ao seu estabelecimento. Ou seja, a retenção de clientes não existe. O negócio só sobreviverá se o empreendedor se esforçar todos os dias partindo como se fosse do zero, mas será que isso é sustentável? Se vendeu algo para um cliente hoje, amanhã ele precisa de outro comprador para mais alguma coisa e assim por diante. Com o passar do tempo, isso vai se tornando um problema gigantesco para a empresa, pois o Custo de Aquisição de Cliente, o chamado CAC, fica muito alto. Falaremos mais sobre esse importante indicador ao longo do livro.

Se um cliente custa tão caro, não faz sentido perdê-lo logo após uma venda. Imagina só: esse cliente já conhece o seu produto, já sabe onde fica a sua loja ou o seu site, já sabe qual é a solução que você oferece e está pronto para comprar. Você não terá que se preocupar em "ensiná-lo" novamente e nem com o custo que terá para que ele conheça seu trabalho. O que precisa é apenas conquistá-lo para que volte outras vezes. E mais: que indique a sua empresa para amigos e fale de você nas redes sociais, porque essa é uma propaganda sem custo. As pessoas se sentem bem ao indicar para amigos e parentes o que elas gostam.

Mas, afundado na administração do seu negócio, você não tem tempo para olhar para isso. É preciso cuidar da parte financeira, dos colaboradores, dos fornecedores, da entrega do produto e essa parte de promoção acaba negligenciada. Então, para chamar a atenção do cliente, acaba apostando em descontos na hora da venda, em ofertas e promoções, estratégias que custam caro para a empresa.

SE ANTES O PROBLEMA ERA COMEÇAR, AGORA A DIFICULDADE ESTÁ EM CRESCER E MANTER O NEGÓCIO VIVO, PORQUE A CONCORRÊNCIA AUMENTOU DEMAIS.

Ou pior: você acha que não precisa se preocupar com isso, porque não há como estimular a venda no tipo de negócio que tem. Esse pensamento é muito comum, principalmente entre os prestadores de serviços. E então aquele empresário que tinha um sonho de sucesso quando abriu o próprio negócio acaba perdendo dinheiro. Ele não consegue atrair e, principalmente, reter seus clientes.

O problema é que a maneira de fazer negócios mudou muito nas últimas décadas. Se antes a dificuldade era abrir uma empresa, hoje esse desafio não existe mais. É muito fácil começar uma empresa. Caso opte por um produto digital é mais fácil ainda, qualquer um pode vender na internet. Do dia para a noite a sua empresa já existe.

Essa facilidade, porém, se tornou um complicador, porque mexe com toda uma dinâmica do mercado. Se antes o problema era começar, agora a dificuldade está em crescer e manter o negócio vivo, porque a concorrência aumentou demais. Se antes você tinha que lidar só com o concorrente do bairro ao lado, agora você disputa o público com empresas do mundo todo. Isso mesmo! A internet aumentou o número de transações comerciais e elas não ficam mais restritas ao local em que se vive. Compra-se de tudo em todo canto do mundo, não existe mais hora ou lugar. A barreira de precisar ir até a loja não existe mais. A loja vai até o cliente aonde quer que ele esteja.

Outra razão para a dificuldade de uma empresa crescer e se manter é a quantidade de informações que as pessoas recebem todos os dias. O volume é tão grande que fica cada vez mais difícil atrair a atenção dos consumidores. Um estudo realizado pela Microsoft no Canadá constatou que, no ano 2000, o tempo médio de atenção de uma pessoa era de doze segundos. Em 2013, porém, esse tempo caiu para oito segundos.[5] Quase uma década depois, quando este livro está sendo escrito, eu me pergunto: *qual será o tempo de atenção agora?* O estudo também detectou que este comportamento é influenciado pela quantidade de consumo de mídia, a frequência em que se usa mais de uma tela, a velocidade de adoção de tecnologia e o uso cada vez mais frequente das redes sociais. Esse cenário é um enorme desafio para as empresas.

Mas os problemas não param por aí. O mercado empresarial brasileiro, principalmente as pequenas empresas, sofre com a falta de lucros satisfatórios ocasionando um problema

---

5 SUZUKI, A. Hoje, o tempo de atenção de um humano é menor que o de um peixinho-dourado. **TecMundo**, 19 maio 2015. Disponível em: https://www.tecmundo.com.br/comportamento/80090-tempo-atencao-humano--menor-o-de-um-peixinho-dourado.htm. Acesso em: 20 jul. 2023.

financeiro para muitos negócios. Um levantamento feito pelo Serviço Brasileiro de Apoio às Micro e Pequenas Empresas (Sebrae) em parceria com a Fundação Getulio Vargas (FGV) constatou que 52% dos negócios de pequeno porte não têm reservas financeiras.[6] Ou seja, essas empresas não têm como se manter caso haja algum imprevisto no caixa. Esse mesmo levantamento ainda mostrou que desse total de empresas sem reservas, 12% têm dificuldades de pagar as contas em dia. Imagina só a bola de neve que vai se formando, gerando enorme pressão e angústia para o empreendedor.

Como eu falei no começo deste capítulo, quem empreende, na maioria das vezes, o faz pela necessidade, para ganhar a vida por falta de emprego por contratação formal, então não dá para se dar ao luxo de esperar um, dois anos para começar a ter lucro. Quem empreende merece ter resultados rápidos. Claro que ele não virá no primeiro dia, mas é um trabalho contínuo, em que ele se dedica a isso e merece ser remunerado pelo risco que corre.

Mas sem o conhecimento adequado – menos de 30% dos empreendedores brasileiros têm ensino superior completo –,[7] quando esses profissionais resolvem investir em alguma estratégia de marketing e vendas acabam sempre em dúvida do que fazer e para onde apontar e acertar o alvo.

---

6 1 EM cada 10 pequenos negócios está com dificuldade para pagar contas. **SEBRAE**, 2021. Disponível em: https://sebrae.com.br/sites/PortalSebrae/ufs/ma/noticias/1-em-cada-10-pequenos-negocios-esta-com-dificuldade-para-pagar-contas,4c929e1cbcb3c710VgnVCM100000d701210aRCRD. Acesso em: 20 jul. 2023.

7 Global Entrepreneurship Monitor. *op. cit.* p. 14.

A todo momento surge uma nova maneira de fazer isso, uma fórmula mágica de vendas alardeada como a nova ferramenta para vender mais, e ele fica meio perdido. Sem saber o que fazer, opta pelo caminho mais óbvio, que é o investimento em publicidade, acreditando que esse é o segredo para vender e lucrar mais. E qual é o meio publicitário mais acessível nos dias de hoje?

Se você respondeu o digital, acertou em cheio. Assim, acabam colocando seu dinheiro em várias plataformas e redes sociais, como Facebook, Instagram e Google, esperando que essa estratégia traga clientes novos, fidelize os antigos e impulsione as vendas. No entanto, apesar dos esforços, esses empreendedores acabam não tendo o retorno que esperavam. Por que isso acontece?

É o que iremos falar no próximo capítulo.

A MAIOR BARREIRA DAS EMPRESAS ATUAIS É CONQUISTAR A ATENÇÃO DOS POTENCIAIS CLIENTES. ISSO PODE CUSTAR MUITO CARO.

@RODRIGONOLL

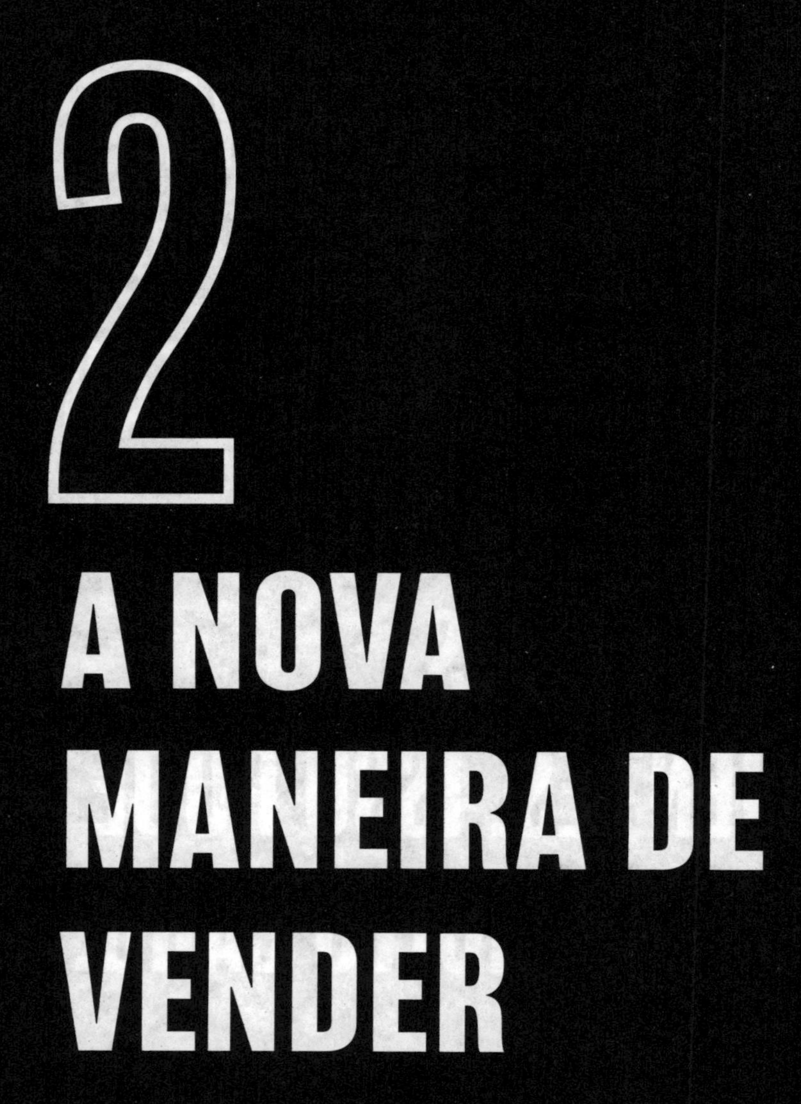

2

A NOVA MANEIRA DE VENDER

Você tem uma empresa há alguns anos e, por mais que se empenhe, ela não consegue crescer. O negócio está estagnado e você até tenta criar estratégias de vendas, mas elas não dão certo. Enquanto isso, continua batendo cabeça e gastando dinheiro em coisas que não funcionam. Você trabalha, trabalha muito, doze, dezesseis, vinte horas por dia pela empresa que sempre sonhou, mas não vê a cor do dinheiro. Consequentemente, não consegue contratar mais funcionários, não consegue reter os funcionários que já tem (afinal, se eles não veem que podem crescer na empresa, acabam mudando para outra que lhes dê a oportunidade) e não tem um tempo de qualidade ao lado da família e dos amigos. Tirar uns dias de férias? Pura ilusão. Fazer um curso para aprender algo novo e implementar no seu negócio? Impossível. Investir em melhorias para o seu negócio? Sem chance, não há caixa. Nenhuma pessoa empreende para viver nessa situação, concorda?

A realidade dos empresários no Brasil e no mundo é desafiadora. Muitos trabalham intensamente e, no final das contas, não conseguem lucros satisfatórios ou a tão sonhada liberdade

EM UMA TENTATIVA DE DAR CERTO E DIANTE DA NECESSIDADE DE TER UM RETORNO RÁPIDO, MUITOS EMPRESÁRIOS SE TORNAM REFÉNS DE SEUS PRÓPRIOS NEGÓCIOS.

financeira, visto que quase 30% dos empreendedores já estabelecidos têm renda que não passa de dois salários-mínimos por mês. Com isso, esses profissionais se sentem cada vez mais frustrados e estressados por não verem os resultados melhorarem. Além disso, instaura-se um sentimento de que desperdiçaram dinheiro em algo sem resultado. Se você já se sentiu assim, não está sozinho, há milhares de pessoas nessa mesma situação, tanto que 35% das empresas encerram as suas atividades apenas um ano após o início das atividades justamente pela falta de lucros ou dificuldade para obter recursos.[8] Diante desse cenário, é comum começar a duvidar da própria capacidade de ter sucesso em seu negócio.

Em uma tentativa de dar certo e diante da necessidade de ter um retorno rápido, muitos empresários se tornam reféns de seus próprios negócios, lutando diariamente para manter as operações em andamento e no azul. Acabam criando estratégias de vendas variadas, mudando a abordagem pouco tempo depois e implementando outra estratégia que parece promissora. Mas conquistar o seu cliente, fidelizá-lo, pressupõe constância. Não dá para ficar testando estratégias em poucos dias ou poucos meses.

Por outro lado, também não dá mais para ficar esperando tanto tempo para o resultado aparecer. É preciso agir rápido.

---

8 Global Entrepreneurship Monitor. *op. cit.* p. 6.

ADULTOS FAZEM O QUE PRECISA SER FEITO. CRIANÇAS FAZEM APENAS O QUE GOSTAM.

@RODRIGONOLL

Em outra tentativa, o empreendedor opta por inovações tecnológicas em vendas e estratégias mirabolantes que prometem resultados exponenciais por puro desespero. Outra tentativa muito comum é usar a internet para anunciar. Afinal, se tem tantas pessoas lá, esse é o melhor lugar para vender sem precisar gastar muito. Será mesmo? Preciso ser bem sincero com você: com a internet, o seu problema está só começando e você vai entender o porquê. Antes, quero deixar claro que não sou contra anunciar na internet, eu também o faço. O problema é quando você depende apenas desses anúncios. Vou explicar melhor a seguir.

O PROBLEMA DO MARKETING DIGITAL

Ter um perfil caprichado no Instagram, mostrar seus produtos no Facebook, fazer um vídeo para o TikTok ou comprar publicidade no Google parece ser o melhor caminho para qualquer negócio que precisa aparecer para os seus clientes. Afinal, se está dando certo para aquela empresa que você viu fazendo sucesso no Instagram, por que não daria para a sua?

Olhando assim até parece fácil apostar todas as suas fichas na internet e nas redes sociais, como se ali estivesse a solução de todos os problemas de venda. Não podemos negar o potencial que plataformas como Facebook, Instagram e TikTok têm. Juntas, elas somam 304 milhões de usuários no Brasil e os anúncios postados alcançam milhares de perfis.[9] Mas esse potencial deixou o marketing digital tão complexo, com tantas ferramentas para serem utilizadas que mais

9 O alcance de um anúncio ou de um post refere-se ao número de pessoas que viram aquela publicação. (N.E.)

parece algo ligado à engenharia do que à publicidade. São necessárias avaliações sobre métricas, dados, estatísticas, *big data*, *business intelligence*, *analytics*, entre outras. Essa sopa de palavras e números muitas vezes torna difícil o uso de tais plataformas de maneira efetiva.

Sem contar que estar ali custa caro. Eu coloquei o meu primeiro anúncio no Facebook em 2010. De lá para cá, todos os anos, sem exceção, o custo do anúncio sobe. Cada vez mais empresas estão apostando nessa estratégia de marketing, e quando a demanda cresce sem o mesmo crescimento da oferta, o preço sobe. E não há notícia de que irá mudar. Pelo contrário, com tantas pessoas navegando todos os dias, a concorrência por cada espaço nessas redes fica mais disputado. Para serem vistas, cada vez mais as empresas têm que investir em anúncios pagos ou posts patrocinados. Mas será que o seu negócio continuará sustentável se essa estratégia encarecer dez vezes?

O mesmo vale para as buscas no Google. Aparecer entre os primeiros lugares, aqueles que mais chamam a atenção do público, é concorridíssimo. Tanto que a venda desse espaço acontece por meio de um leilão virtual em tempo real. Isso mesmo. Aparece ali a empresa que paga mais. Portanto, quanto mais empresas quiserem aparecer nas primeiras colocações, mais caro o espaço vai ficar. Se a sua intenção é entrar nessa jogada, é bom separar boa parte do orçamento para conseguir um resultado satisfatório. Será que você está disposto a gastar cada vez mais para ter, proporcionalmente, cada vez menos alcance? São várias perguntas que você deve se fazer antes de encarar essa jogada.

Existe, claro, a entrega orgânica, que é aquela em que você não paga para seu post aparecer para os usuários ou em uma busca na internet. Seria um mundo maravilhoso se cada publicação sua fosse entregue a cada um dos seus seguidores ou usuários da internet. Mas isso não acontece por conta de algo que se chama ranqueamento. O algoritmo das redes sociais leva em consideração alguns princípios na hora de entregar o conteúdo que cada usuário, seja pessoa física ou jurídica, posta. Um deles é o relacionamento do seguidor com determinada conta (se ele curte os posts, comenta, compartilha); o outro é a periodicidade com que os posts são publicados (quem posta poucas vezes fica esquecido na plataforma) e o engajamento com os seguidores.

Nesse cenário, repare que quanto mais pessoas estão presentes nas redes sociais, mais posts são publicados, logo, mais competição haverá para a sua publicação. Com tanto conteúdo disponível, as plataformas usam esses critérios para escolher o que mostrar para a sua base de usuários. E a tendência é que essa entrega diminua cada vez mais simplesmente porque a plataforma já não precisa mais entregar tanto quanto ela fazia quando foi lançada e tinha poucos usuários.

Quando uma rede social surge, ela quer ser adotada pelo maior número de usuários, trabalha incansavelmente para fazer o maior número de entregas possível. Porém, uma vez que ela consegue esse público, já possui uma base formada, não precisa mais se preocupar em entregar tanto conteúdo. O que elas querem, na verdade, é monetizar. E como fazem isso? Controlando o número de pessoas que vão "receber" cada publicação e cobrando para mostrar os conteúdos para uma base maior de usuários. Por isso que, para conseguir bons resultados, cada vez mais você terá que impulsionar suas publicações, gerando um custo alto para o seu negócio.

O CLIENTE PRECISA
ESTAR NO CENTRO
DAS ATENÇÕES
SEMPRE.

@RODRIGONOLL

Desde 2012 eu tenho conta no Instagram. E ano a ano a entrega orgânica dos meus conteúdos só cai, embora o meu número de seguidores aumente. A regra é a mesma. Cada vez mais pessoas produzem conteúdo e as redes dicidiram escolher por você o que vão lhe mostrar. Então pense friamente: seu negócio continua sustentável se perder 90% do alcance nas redes? Não construa o seu castelo em terreno alugado!

Claro que eu não estou falando para você não usar os meios digitais. Eu nunca falaria isso. Não dá mais para viver sem internet. Isso é um fato, nenhuma novidade para mim e aposto que para você também não. Com 182 milhões de usuários só no Brasil – cerca de 84% da população –,[10] usar a internet virou mais do que entretenimento. A rede mundial faz parte da vida das pessoas e influencia suas ideias, a maneira como obtêm conhecimento, e atua como ligação entre amigos e parentes, auxilia na busca por um emprego e até mesmo na decisão de compra. Por isso é tão importante para uma empresa estar conectada.

Não há dúvida de que os meios digitais aumentam a visibilidade do seu negócio e a aquisição de clientes. Imagina quantas pessoas poderão conhecer a sua empresa ao usarem a internet. Mas apostar o crescimento do seu negócio só no marketing digital é um erro, pois existem outras maneiras de potencializar as vendas sem gastar tanto. O que eu oriento é que você esteja em todos os meios. Eu, por exemplo, comecei nos grupos de Facebook, depois fui para o LinkedIn, abri um perfil no Instagram, investi em anúncios, acionei o marketing de indicação, o TikTok,

---

10 KEMP, S. Digital 2023: Brazil. **DataReportal**, 12 fev. 2023. Disponível em: https://datareportal.com/reports/digital-2023-brazil. Acesso em: 24 jul. 2023.

passei a fazer eventos, investi em um blog e em um site. Ufa! Faço isso porque acredito na multicanalidade para atrair o meu cliente ideal. Quem já tem um negócio e quer crescer também precisa apostar em múltiplos canais.

NÃO HÁ DÚVIDA DE QUE OS MEIOS DIGITAIS AUMENTAM A VISIBILIDADE DO SEU NEGÓCIO E A AQUISIÇÃO DE CLIENTES.

Você até pode fazer a dancinha do TikTok ou anunciar na internet, mas eles precisam ser encarados como elementos agregados à sua estratégia de marketing. Os empreendedores estão fazendo as perguntas erradas na hora de pensar no crescimento do seu negócio. Deveriam usar o “e” no lugar do “ou”: uso o Instagram ou o e-mail? Um blog ou um site? Loja física ou loja on-line? Vou dizer: não existe bala de prata.[11] O correto é usar o Instagram **e** o e-mail. O blog **e** o site. O evento **e** a loja on-line. Em quanto mais canais você tiver contato com o seu cliente, melhor. O cliente precisa estar no centro das atenções sempre.

Quem joga todas as fichas no marketing digital acaba apostando no caviar e deixando o simples e admirado arroz com feijão de lado quando o assunto é foco no cliente. Segundo levantamento realizado pela Zendesk, 57% dos clientes consideram o atendimento um item essencial para se tornarem fiéis a uma marca.[12] Então

---

11 “Não existir bala de prata” significa que não existe solução simples para uma questão. (N.E.)

12 [GUIA] cadastro de cliente: veja a importância dessa ferramenta para a sua empresa, quais informações não podem faltar e como usar. **Zendesk**, 20 maio 2023. Disponível em: https://www.zendesk.com.br/blog/como-fazer-cadastro-cliente/. Acesso em: 25 jul. 2023.

o que adianta ter um Instagram cheio de fotos bonitas, ter aquele *reels* engraçado e até viral, se o cliente não é bem atendido quando procura a sua loja? Se ele não se sente valorizado quando índica a sua empresa para um amigo?

Concordo que o conhecimento muda, que as ferramentas mudam, que o marketing muda, mas há algo que não muda e não vai mudar nunca: as pessoas sempre vão gostar de serem ouvidas, de serem cuidadas. E isso não é vender. É ouvir. Apenas isso.

Quantas vezes você pegou o telefone para ligar para o seu cliente informalmente e não apenas pensando em vender? Preste atenção: se você é um empresário e faz mais de três meses que não pega o telefone para conversar com o seu cliente, algo está indo para o caminho errado, o que traz dinheiro para o seu negócio é o relacionamento, é a proximidade. Aliás, você tem o cadastro dos clientes que passam pela sua empresa? Guarde essa pergunta, ainda vamos falar mais sobre isso nos próximos capítulos.

HÁ ALGO QUE NÃO MUDA E NÃO VAI MUDAR NUNCA: AS PESSOAS SEMPRE VÃO GOSTAR DE SEREM OUVIDAS, DE SEREM CUIDADAS.

@RODRIGONOLL

EMPRESAS PRECISAM GERAR VALOR

Quando se abre uma empresa ou quando ainda se está desenhando o projeto do seu novo negócio, deve-se questionar o que faz com que os clientes prefiram uma empresa a outra ou o que faz um empreendimento ter bastante sucesso e outros amargarem fracasso atrás de fracasso. Claro que não existe uma resposta única e definitiva. São inúmeros fatores que influenciam a vitória ou a derrota, mas queria falar de um que conheço bem e sei como influencia seu negócio: a satisfação do cliente. Todas as empresas que crescem muito investem na satisfação do cliente – o maior gerador de vendas nos negócios.

Entenda que estamos vivendo uma fase de transformação. **O cliente é o atual juiz do mercado.** Foi-se o tempo em que existia uma valorização do produto. Nesta nova era, o cliente está no centro das atenções e ele exige a melhor experiência em suas compras para escolher em onde vai gastar o seu dinheiro. As empresas que sacaram que precisam tratar seus clientes de maneira diferenciada, colocando-os à frente da venda estão colhendo muito bem os frutos desse trabalho. Quero que você fixe em sua memória que **a satisfação do cliente tem que vir desde o dia zero da sua empresa.**

Um cliente que não fica satisfeito, seja porque foi mal atendido seja porque se decepcionou com o produto ou porque fez uma reclamação e não teve um retorno adequado vai embora e você terá que conquistar um novo cliente para suprir essa saída. Como já falamos, conquistar um novo cliente por dia tem um custo altíssimo para o seu negócio.

CLIENTES MAIS EXIGENTES

Movimentos recentes do mercado mostram que empresas que não se preocupam em gerar valor para os seus clientes são as que menos lucram. De acordo com um estudo feito pela plataforma CB Insights, 42% das pequenas empresas fracassam porque não conseguem satisfazer as necessidades dos clientes.[13] Há empreendedores que nutrem um apego tão grande ao produto que vendem, tão apaixonados pelo serviço que oferecem que, mesmo sem clientes suficientes para sustentar o negócio, continuam insistindo no mesmo estilo. Se você se enquadra nessa definição, lembre-se do fundamento básico do marketing: **venda o que o cliente deseja comprar e não apenas o que você quer vender.**

O cliente já não é o mesmo e exige das empresas qualidade no atendimento, no produto e no pós-venda. Se ele sai da sua empresa insatisfeito, certeza que ao virar a esquina vai encontrar outra que vende o mesmo produto e que pode ter uma estrutura de atendimento melhor que a sua. Por outro lado, empresas que prestam bons serviços estão sempre na mira do cliente. Porque as pessoas gostam de ser bem-tratadas e bem-atendidas. Quem gosta de ligar para a

---

13 BURNS, S. 10 principais causas de fracasso de pequenas empresas. **Forbes**, 8 maio 2019. Disponível em: https://forbes.com.br/principal/2019/05/10-principais-causas-de-fracasso-de-pequenas-empresas/. Acesso em: 10 jul. 2023

companhia telefônica para resolver um problema? E para a operadora da TV por assinatura? Quem nunca teve um problema com algum banco e foi mal atendido? Essas instituições têm índice altíssimo de reclamações e só sobrevivem pelo porte que possuem – uma pequena ou média empresa não consegue sobreviver se age como elas em relação aos clientes.

GERAR VALOR PARA ESSE CLIENTE É URGENTE E NECESSÁRIO.

Portanto, gerar valor para esse cliente é urgente e necessário, mas por falta de atenção ou por uma autoconfiança que o faz acreditar que tudo o que faz para a empresa é suficiente para mantê-la ativa, muitos empreendedores se afastam do cliente. O mercado muda muito rápido e não dá mais para ficar preso nesse modelo de operação que até fazia sentido há dez ou vinte anos, mas não hoje. O que vejo é que uma minoria de empresas mantém a cabeça aberta para a importância de conquistar o cliente e mantê-lo fiel à sua empresa. É essa minoria que faz certo e, por consequência, é nessa pequena parte que a renda se concentra. Então meu conselho é que você se inspire nessas empresas. Seja humilde, pergunte e ouça o seu cliente, mantenha a cabeça aberta para entender as suas dores e se comprometa a melhorar o seu negócio adaptando-o ao que o cliente deseja.

As empresas de sucesso colocam o cliente de fato em primeiro lugar e geram valor para ele antes de fazer vendas. Bons relacionamentos envolvem dar e receber. Isso também vale para os negócios. Você precisa dar a seus usuários algo de valor antes de esperar valor em troca.[14]

---

14 WHAT is Product-led Growth? **Openview**, 2021-2023. Disponível em: https://openviewpartners.com/product-led-growth/#.YD9S2WhKjIX. Acesso em: 1 ago 2023.

EDUCAR É VENDER. PRIMEIRO GERE VALOR PARA, DEPOIS, EXTRAIR VALOR.

@RODRIGONOLL

Dá para fazer isso de maneira simples. Criando um perfil nas redes sociais – ou até mesmo um blog – para entregar conteúdo, como posts e textos focados nas dores e dúvidas dos usuários ou permitindo que o cliente acesse algum conteúdo que é fechado para o público em geral, por exemplo.

Uma maneira fácil de criar conteúdo útil é pegar todas as perguntas e objeções que você recebe no dia a dia sobre o seu produto ou serviço e transformar isso em um post explicando cada uma das questões. Certamente, a dúvida de um é a dúvida de muitos. Isso é conteúdo de valor. Outra maneira é mostrando cases de sucesso de como seus clientes utilizaram os seus produtos ou serviços para inspirar novas pessoas que ainda não os compraram.

O importante é ser útil para quem recebe o conteúdo. O cliente se sente atraído pela informação, passa a confiar no que você diz (ou seja, você ganha autoridade) e o próximo degrau é adquirir o seu produto. Ele passa de usuário ativo para cliente pagante.

Infelizmente ainda há empresas calcadas na crença de que entregar conteúdo é perda de tempo. Mas eu pergunto: **como você espera que o cliente compre se ele não confia em você, não tem clareza de que você é realmente bom naquilo que se propõe a fazer e nem sabe se o produto cumpre o que promete?** Em última instância, lembre-se que esse cliente em potencial nem conhece você! A resposta está no conteúdo. Ele não só vai ajudar a vender mais, como vai chamar a atenção dos leads, que são aquelas pessoas que ainda não são clientes, mas que possuem um potencial gigante de aderirem ao seu produto. Se conseguir mostrar que é bom no que faz, em algum momento elas vão comprar de você.

Entregar conteúdo de qualidade é ainda mais importante quando analisamos o momento que estamos atravessando, em que as fake news crescem absurdamente, colocando no mesmo cesto quem é bom e quem não é. As notícias falsas que circulam na internet interferem diretamente no seu negócio. Sei que parece algo distante no dia a dia, mas repare que o mundo está se transformando em um lugar em que influenciar as pessoas está muito fácil. Todos os dias somos influenciados a comprar algo assim ou assado. Muitas dessas "dicas" vêm de pessoas que não têm qualquer responsabilidade do que estão falando, abrindo espaço até para aquelas mal-intencionadas. No mundo todo, existe uma máquina para mobilizar pessoas apoiadas em notícias falsas que acaba prejudicando todo o sistema. E o seu negócio faz parte desse sistema e precisa dele para sobreviver.

O resultado é que as pessoas estão cada vez mais céticas. Uma pesquisa realizada pelo Instituto de Pesquisas Sociais, Políticas e Econômicas (Ipespe) mostrou que 86% dos usuários da internet têm algum nível de preocupação com as fake news.[15] Nesse contexto, fica cada vez mais trabalhoso convencer o cliente de que seu produto é bom e que o dinheiro dele está sendo bem empregado usando apenas um anúncio na internet.

O POTENCIAL DOS CLIENTES SATISFEITOS

As empresas erram porque não sabem como conquistar o cliente e deixá-lo satisfeito a ponto de continuar comprando e consumindo os seus produtos e serviços. Como fazer isso? Você

---

15 LIS, L. Fake news são motivo de preocupação para 86% dos internautas, diz pesquisa. **G1 Política**, 1 out. 2020. Disponível em: https://g1.globo.com/politica/noticia/2020/10/01/fake-news-sao-motivo-de-preocupacao-para-86percent-dos-internautas-diz-pesquisa.ghtml. Acesso em: 1 jul. 2023.

tem que olhar para esse cliente com atenção, colocar os interesses e dores na mesa e mostrar que se interessa por ele. Entregar conteúdo é uma dessas maneiras. Atendê-lo bem é outra. Melhorar o produto também, assim como investir no pós-vendas.

QUANDO O CLIENTE FICA NO CENTRO DAS ATENÇÕES TODO MUNDO SAI GANHANDO.

Quando o cliente fica no centro das atenções todo mundo sai ganhando: o cliente, que fica mais satisfeito com o serviço ou o produto e que se sente motivado a indicar a sua empresa, e você, que vê seu negócio crescer a cada dia. Isso mesmo! Um cliente satisfeito, além de voltar mais vezes e comprar mais (aumentando o ticket da compra), ainda é um possível indicador do serviço para trazer mais clientes qualificados como ele para o seu negócio. E essa ação tem um potencial gigante.

Uma pesquisa realizada nos Estados Unidos revelou que 82% dos americanos procuram por recomendações de amigos ou familiares antes de fazerem uma compra.[16] Além disso, 91% das compras B2B são influenciadas pelo boca a boca.[17] E tem mais: 92% dos clientes confiam nas recomendações de pessoas que eles conhecem, enquanto o percentual de pessoas que confiam

---

16 KAPADIA, A. 8 Referral Marketing Statistics That Show Recommendations Drive Growth. **Ambassador**, 9 jun. 2020. Disponível em: https://www.getambassador.com/blog/8-referral-marketing-statistics-that-show-recommendations-drive-growth. Acesso em: 27 jul. 2023.

17 MAHER, G. Referral Marketing: The Underutilized Success Factor. **LinkedIn**, 12 maio 2020. Disponível em: https://www.linkedin.com/pulse/referral-marketing-underutilized-success-factor-gary-maher. Acesso em: 27 jul. 2023.

em anúncios encontrados no mecanismo de buscas e em anúncios com banners é bem menor: 37% e 24% respectivamente.[18]

Por isso, eu defendo que o funil de vendas tradicional, amplamente utilizado pelos empreendedores, está defasado. No funil tradicional, cada etapa é uma representação do que acontece no dia a dia de uma empresa ou de um vendedor desde o primeiro contato do cliente com a empresa até o fechamento da venda. Ele funciona da seguinte maneira:

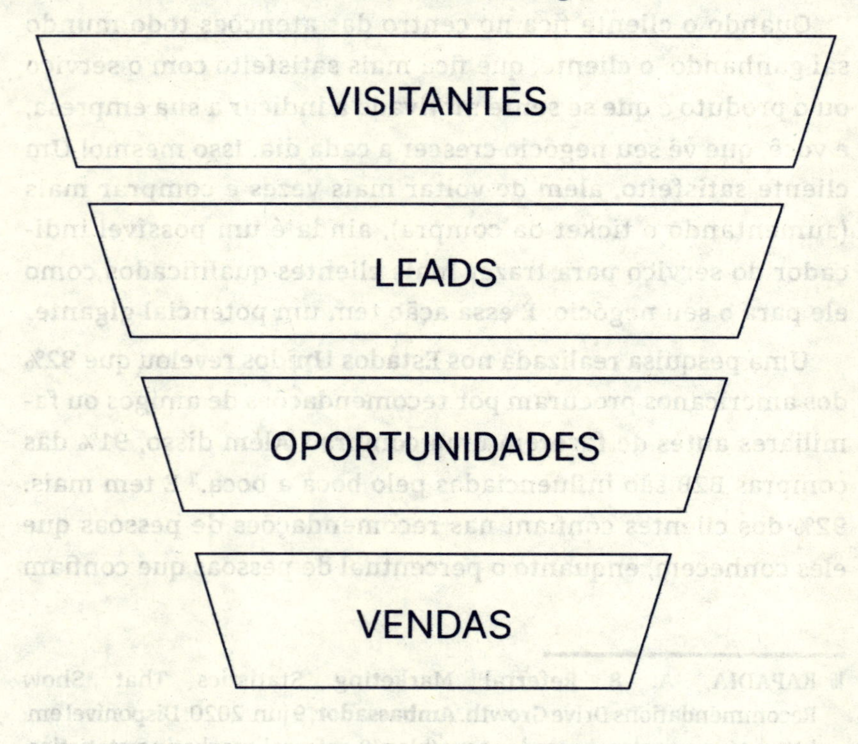

18 TEO, C. How to Build a Referral Program That Works in 2023. **Referral Candy**, 26 abr. 2023. Disponível em: https://www.referralcandy.com/blog/47-referral-programs. Acesso em: 27 jul. 2023.

A PRIMEIRA VENDA É O COMEÇO DE UMA NOVA RELAÇÃO COM O CLIENTE.

@RODRIGONOLL

SE É TÃO DIFÍCIL – E CARO – CONQUISTAR UM CLIENTE QUE PASSOU PELO FUNIL, NÃO FAZ SENTIDO ABRIR MÃO DELE.

Observe que no topo da figura estão os **visitantes**. São aquelas pessoas que têm um problema até então desconhecido. É a fase da consciência. Em seguida, elas se tornam **leads**, clientes em potencial porque agora já sabem que têm um problema e buscam uma maneira de resolvê-los. Ao se tornarem leads qualificados, essas pessoas caminham em direção à **oportunidades**, pois buscam a solução para o problema e sabem que sua empresa pode resolvê-los. O funil de vendas termina em **vendas**, quando essa pessoa faz a compra e se torna seu cliente.

Repare que o caminho vai afunilando conforme o consumidor passa por cada etapa de sua jornada. Isso acontece em qualquer operação. Você fala com dez ou vinte pessoas para apenas uma fechar o negócio. É comum e previsível. Você vai levar muitos nãos até conseguir um sim. Até aí tudo ok. Esse caminho representou muito bem o jeito de fazer gestão de vendas tradicional.

O que eu aponto, porém, é que esse funil está desatualizado, pois acaba na venda. A venda não é o fim, mas sim o início de uma nova jornada com ótimas oportunidades de se fazer receita com um cliente que já é seu. Ele já foi adquirido, a missão agora é mantê-lo. Se é tão difícil – e caro – conquistar um cliente que passou pelo funil, não faz sentido abrir mão dele. A venda é o começo de uma nova relação com o cliente. A dor dele não vem sozinha, mas acompanhada de novas oportunidades. Esse é o jogo. Por isso que o funil triangular de vendas tradicional deve ser substituído pelo funil ampulheta.

Nesse modelo, o que vem antes da venda é a parte onde estão concentrados todos os investimentos e despesas para se conquistar esse cliente. Após a venda, porém, estão as melhores oportunidades de se fazer receita. É quando você pode fazer *up-sell* (vender produtos com ticket mais alto para o mesmo cliente) e o *cross-sell* (a venda cruzada de produtos complementares ao cliente), que funcionam como escadas de crescimento do seu negócio. Além disso, é o momento em que você aproveita todo esse potencial para que o cliente satisfeito o indique para outras pessoas. **Se o funil para na venda, você perde a melhor oportunidade de fazer dinheiro.**

Veja, então, como está cada vez mais difícil e caro levar adiante um negócio de sucesso. Economia instável, funil de vendas errado, a dificuldade de trabalhar com marketing digital, a necessidade de driblar as fake news... Tudo isso embola o meio de campo.

Mas repare que as indicações, que eu tanto falei até aqui, não entram como um causador de problemas no seu negócio. Pelo contrário, as indicações podem ser a salvação da sua empresa. Como assim? É que quem aposta no marketing de indicação foge desses percalços. Não há problema com a economia pois você não investe nada para começar, fará o funil ampulheta, não precisará gastar para impulsionar anúncios nas redes sociais e, como é uma indicação, não sofre o impacto das fake news. O que precisa para ter sucesso é cuidar da satisfação do seu cliente. **Quando você se preocupa em prestar o melhor serviço, o dinheiro vem para o seu bolso naturalmente.**

O problema é que pouquíssimos negócios no Brasil incentivam e fazem as indicações se tornarem um canal de vendas ativo. A maioria vende por indicação, mas sem qualquer controle. Para maior efetividade, elas precisam transformar as indicações aleatórias em algo que pode ser controlado. O fato é que o empresário não foi ensinado a aumentar as suas vendas por meio da indicação dos seus clientes atuais de maneira ativa, assim acaba dependendo apenas do boca a boca orgânico e desestruturado, ficando à mercê da sorte para vender mais.

Essa situação, porém, pode ser revertida rapidamente. Segue comigo que no próximo capítulo eu vou explicar como mudar isso.

A VENDA NÃO É O FIM,
MAS SIM O INÍCIO DE
UMA NOVA JORNADA
COM ÓTIMAS
OPORTUNIDADES
DE SE FAZER RECEITA
COM UM CLIENTE
QUE JÁ É SEU.

@RODRIGONOLL

O MARKETING DE INDICAÇÃO

Se você tem uma empresa, você tem clientes. Afinal, o que sustenta uma empresa aberta é a venda de produtos ou serviços para outras pessoas. E é isso que você precisa para começar a usar o marketing de indicação.

Mas só isso? Tem certeza, Rodrigo?, você deve pensar. Sim, só isso.

Indicar é uma ação natural do ser humano desde o começo da humanidade. As conversas que marcaram a revolução cognitiva da espécie *Homo Sapiens* eram justamente sobre indicações, conforme revela o livro de Yuval Noah Harari.[19] Naquela época, a indicação servia para saber onde havia comida, abrigo e perigos. Hoje, claro, ninguém precisa mais desse tipo de indicação, mas o que eu quero que você entenda é que essa ação está no nosso DNA. Para a sua empresa, essa é uma oportunidade gigante de vender.

---

19 HARARI, Y. N. **Sapiens**: uma breve história da humanidade. São Paulo: Companhia das Letras, 2020.

Eu sei que você deve estar pensando: *mas eu já vendo por indicação*. Aliás, essa é a primeira frase que eu escuto quando apresento esse modelo para os meus clientes. É que vender por meio de indicação não é novidade. Desde sempre o comércio vende porque alguém indicou o produto ou serviço. Você já deve ter comprado algo porque viu um amigo usando ou porque alguém recomendou. É o famoso boca a boca. Esse tipo de venda, porém, esbarra em alguns problemas: ele é passivo, incontrolável, desestruturado e ineficiente. Assim, em um mês você pode receber três clientes que vieram por indicação e no outro dez, mas também haverá o mês que não terá clientes de indicação. Isso não beneficia sua empresa. Lembre-se que você vive de vendas e não dá para esperar de braços cruzados que elas aconteçam. Quem ainda fica esperando um cliente vir ao seu negócio espontaneamente perde dinheiro todo mês. Eu diria até mais: todos os dias.

Então, eu faço uma segunda pergunta: você estimula essas vendas? A resposta, em 99% dos casos, é não. Essa é a diferença entre vender por indicação e usar o marketing de indicação. É a evolução do boca a boca. Quando ele deixa de ser uma ação isolada para se transformar em um canal de vendas perfeitamente gerenciado, escalável e otimizado que trabalha usando sua base de clientes atuais, sem gastar mais com anúncios, sem dar descontos e sem pagar comissão para afiliados. Não há desperdício de dinheiro, mas sim lucro por muitos anos. Assim como não há dependência do marketing digital. O Instagram pode acabar amanhã, mas as indicações vão continuar. **O TikTok pode virar uma plataforma em desuso e a internet pode ser coisa do passado, mas as indicações não.**

INDICAR É UMA AÇÃO NATURAL DO SER HUMANO DESDE O COMEÇO DA HUMANIDADE.

@RODRIGONOLL

TODOS OS MESES O SEU NEGÓCIO DEIXA DE FATURAR EM VENDAS POR INDICAÇÃO PORQUE VOCÊ NÃO INCENTIVA ESSE COMPORTAMENTO.

E não são poucos os clientes dispostos a indicar uma empresa. O problema é que poucos realmente têm o hábito de indicar espontaneamente. Segundo um estudo da Texas Tech, 83% dos clientes satisfeitos de uma empresa estão dispostos a recomendá-la para seus amigos e familiares, porém, na prática, apenas 29% o fazem.[20] Essa diferença absurda acontece por causa da ausência de um programa de indicação. Algo que é implementado por apenas 30% das empresas.[21]

Isso acontece porque esses negócios não sabem que podem usar a indicação a seu favor de maneira organizada, previsível e controlável. Ainda acham que é apenas uma consequência de um trabalho bem-feito. Mas eu garanto: é possível sim estimular esse comportamento.

Percebe o quanto de dinheiro deixa na mesa? Todos os meses o seu negócio deixa de faturar em vendas por indicação porque você não incentiva esse comportamento. O quanto isso representa, em dinheiro, todos os meses para o seu negócio em faturamento? O quanto isso representou no ano passado inteiro? Isso acontece pelo simples fato de que você nem se dá ao trabalho de lembrar as indicações de maneira recorrente.

Imagine o efeito cumulativo de várias pessoas indicando a sua empresa ao mesmo tempo. Você pode até pensar:

20 DECKER, D. How to Close the Referral Gap. **Texas Tech Today**, 17 maio 2018. Disponível em: https://today.ttu.edu/posts/2018/05/close-referral-gap. Acesso em: 22 jul. 2023.

21 MAHER, G. *op. cit.*

mas nem todas as indicações se convertem em vendas. Sim, eu concordo com você. Isso acontece por causa do funil de vendas, que vimos anteriormente. Ninguém vende para todo mundo que aborda e isso é perfeitamente normal. De qualquer maneira, a indicação já se torna uma propaganda gratuita para sua empresa, criando um efeito de longo prazo.

Lembra da empresa de turismo que atuei como diretor de marketing e onde comecei a trabalhar com indicação? Contei lá na Introdução. Esse é um exemplo clássico de como estruturar um programa para aumentar as suas vendas. Essa empresa já trabalhava com indicações, mas era um programa sem organização e otimização. Quando implementamos o método, as indicações passaram a representar 65% das vendas do negócio – isso sem aumentar o custo com o marketing, apenas incentivando a atual base de clientes a trazer novos consumidores.

Eu tenho vários exemplos que podem ajudar você a entender os programas de indicação: na Base Viral atendi um consultor especialista em marketing pessoal que precisava aumentar a sua base de clientes. Uma semana após adotar o programa de indicação ideal para o seu tipo de negócio, ele lotou a agenda de atendimentos para os quatro meses à frente. A procura foi tanta que precisou pausar o programa por um tempo para atender a demanda.

Também atendemos duas unidades de uma franquia de clínicas odontológicas que, em três meses rodando um programa de indicação, conquistou 1.530 novos clientes. E sem gastar com mídia paga. Somente incentivando as indicações.

Qualquer tipo de empresa se beneficia com o marketing de indicação. Pequenas, médias, grandes, empresas B2B e B2C,[22] profissionais autônomos, profissionais liberais etc. E a razão é muito simples: todas elas são feitas de pessoas. E, já sabemos: pessoas indicam pessoas.

BENEFÍCIOS DO MARKETING DE INDICAÇÃO

Um dos maiores problemas das empresas, principalmente quando começam a operar, é encontrar seu cliente ideal, a sua persona. Algumas quebram antes mesmo de encontrar esse perfil, mas com o marketing de indicação esse obstáculo praticamente não existe. Afinal, **ninguém indica fraldas para quem não tem filhos.** As indicações são mais certeiras e contam com um público que realmente necessita daquele produto.

Uma pessoa não vai indicar para um amigo aquilo que ele não tem interesse. Ou você acha que você recomendaria aquela cerveja top para seu amigo que não tem o hábito de consumir bebidas alcoólicas? Ou recomendaria um ótimo açougue para o amigo vegano? Isso significa que quando um cliente vem por indicação ele é mais consciente e está mais preparado e disposto para comprar do que um cliente que tem contato com o seu produto pela primeira vez.

Por que, então, perder esse potencial? Por mais que o tempo passe, há uma característica nas pessoas que não muda: elas são sociáveis e gostam de viver em tribos. Temos o hábito de andar sempre com semelhantes. Assim, a galera do crossfit vai conviver com a galera do esporte, os admiradores de vinho

---

22 B2B significa *Business to Business* e refere-se a empresas que vendem produtos ou serviços para outras empresas. Já B2C significa *Business to Consumer* e são as empresas que vendem ou prestam serviços diretamente para o consumidor final. (N.E.)

trocam informações com outros fãs da bebida e assim por diante. **Cada cliente seu tem contato com outras pessoas com as mesmas dores e que procuram as mesmas soluções,** e por isso que o marketing de indicações é o caminho mais fácil para você multiplicar seus melhores clientes. Por trás de todo bom cliente existe um monte de possíveis outros bons clientes com o mesmo perfil, só esperando conhecer o seu trabalho.

AS INDICAÇÕES SÃO MAIS CERTEIRAS E CONTAM COM UM PÚBLICO QUE REALMENTE NECESSITA DAQUELE PRODUTO.

Além disso, um cliente satisfeito vende o nosso produto melhor do que nós mesmos. Ele tem essa capacidade por dois motivos. O primeiro – e mais óbvio – é que se ele é seu cliente, seu produto atende às expectativas, ele é bem atendido, gosta da qualidade. O segundo motivo segue a mesma lógica da persona: ele conhece o produto e conhece também o amigo e sabe que a pessoa vai se beneficiar. É o produto ideal para o cliente ideal. Ou até mesmo a replicação dos clientes satisfeitos.

Como disse anteriormente, no marketing de indicação o cliente chega mais preparado, diminuindo consideravelmente o ciclo de vendas, que basicamente é o tempo que leva desde o primeiro contato do cliente com a marca até efetivar a compra. Esse período muda de acordo com o produto ou serviço, por isso cada negócio tem que gerenciar seu ciclo de vendas com atenção. Quanto menor o ciclo, melhor será para o seu negócio, porque a empresa gasta menos para fazer uma venda. A lógica é simples: se o meu vendedor precisa de menos horas para vender, ele tem mais horas para fazer outras vendas, trabalhar margem, enfim, se dedicar a novos aspectos do negócio. Afinal, tempo é dinheiro.

A ESTRATÉGIA DA INDICAÇÃO É O CANAL MAIS BARATO PARA VOCÊ IMPLEMENTAR NA SUA EMPRESA.

@RODRIGONOLL

O cliente de indicação já conhece o produto pois vê o amigo usando, portanto, vem mais confiante e pula uma fase inicial diminuindo esse ciclo em até 70%, principalmente no setor de serviços.

A ÚNICA DIFERENÇA DAS EMPRESAS QUE VENDEM MUITO POR INDICAÇÃO DAQUELAS QUE VENDEM POUCO É COMO CADA UMA ATIVA O CLIENTE.

Outro benefício é que o ticket médio desse novo cliente costuma ser mais alto do que daquele novo cliente que não vem de indicação. Quando uma pessoa faz uma primeira compra com qualquer empresa dificilmente ela começa com o produto mais caro. Primeiro ela compra um com valor mais baixo, experimenta e, se gostar, vai aumentando o ticket gradativamente. Isso é perfeitamente normal. Mas com o cliente que vem de indicação, essa fase não existe. Como ele já conhece o produto e confia na empresa, costuma começar o relacionamento com o produto de entrada de valor elevado, gerando 25% mais lucratividade.[23]

Mas como criar um programa de indicação eficaz que alavanca o seu negócio? Usando o Método VPI.

O MÉTODO VPI

A partir de agora vamos transformar essas indicações voluntárias em um canal de vendas que pode ser gerenciado e controlado. E de que maneira? Criando um programa que incentiva ativamente seus clientes a indicarem mais os produtos/serviços do seu negócio e serem recompensados por isso. Um programa de indicação é a chave para coletar o dinheiro que está em cima da mesa. Pode

23 TEO, C. *op. cit.*

TER UM PROGRAMA DE INDICAÇÃO É DIFERENTE DE PEDIR INDICAÇÕES.

acreditar em mim: Ter um programa de indicação é diferente de pedir indicações.

Ter um programa de indicação é diferente de pedir indicações. O empresário que só pede, pede, pede para que seus clientes indiquem seus amigos cria uma relação de extração, tirando valor do cliente e se tornando até mesmo uma pessoa desagradável. Já aquele que cria um programa, coloca o benefício na frente – a recompensa –, faz o cliente lembrar de indicar. Com o tempo você receberá indicações mesmo quando não pedir, porque essa pessoa já terá isso na cabeça e continuará o ciclo.

Assim como ter um programa também se diferencia de uma campanha de indicação. Algumas empresas fazem campanhas de indicação, mas são eventuais, acontecem apenas em um determinado período. Até trazem algum resultado, mas são momentâneos. Quando a campanha cessa, as indicações também param de acontecer. Já um programa de indicação está sempre no ar e caberá à empresa ativá-lo, mas ele não deixa de existir. Com isso, a empresa tem resultados mais consistentes, lucrativos e previsíveis. Além disso, suas regras são predefinidas e não mudam a todo o momento – o que é comum nas campanhas –, fazendo com que os clientes entendam melhor o seu funcionamento e participem cada vez mais.

Em um momento em que o mundo está cada vez mais conectado por meio da internet, usar programas de indicação se torna uma das principais ferramentas de vendas em qualquer segmento, seja produtos ou serviços. Em 2020 o Sebrae elegeu o marketing de indicação como a principal tendência de marketing digital dada a importância de alavancar o

UM PROGRAMA DE INDICAÇÃO É A CHAVE PARA COLETAR O DINHEIRO QUE ESTÁ EM CIMA DA MESA.

@RODRIGONOLL

público do negócio por meio dos clientes que já consomem a sua marca ou conhecem o seu serviço.[24]

E não há objeção nenhuma para você começar a rodar o seu programa de indicação. Não há necessidade de investimento, você não vai gastar mais dinheiro do seu caixa para começar a ativar as indicações. Também não precisará de softwares avançados – dá para fazer usando uma tabela no Excel ou até mesmo em um caderninho, o mais importante é ter alguma maneira de se organizar –, e nem terá que contratar novos funcionários para controlar o programa. Então, do que você precisa? Do seu comprometimento e dos clientes satisfeitos que já conquistou.

Montei meu primeiro programa de indicação em 2015, quando ainda trabalhava como diretor de marketing em uma empresa de turismo. Depois disso, os amigos se interessaram pelas estratégias que eu estava usando e começaram a pedir para ajudar a montar programas nas empresas deles.

No início usava meu *feeling* para montar os programas para cada empresa. Porém, depois de trinta programas implementados, senti a necessidade de organizar o que estava fazendo. Então peguei uma folha de papel e a separei em duas colunas. Do lado esquerdo, anotei tudo o que eu fiz nesses programas e que tinha funcionado. No direito, tudo o que não tinha dado o resultado esperado e deveria ser desprezado ou o que tinha potencial para ser melhorado.

---

24 ANÚNCIOS, SEO e Marketing e influência são tendências do Digital. **SEBRAE**, 24 mar. 2022. Disponível em: https://www.sebrae.com.br/sites/PortalSebrae/artigos/10-tendencias-de-marketing-digital,ae2451f30ec01710VgnVCM1000004c00210aRCRD. Acesso em: 20 jul. 2023.

Analisei cada um dos pontos que levantei, categorizei e daí surgiu o Método Vendas por Indicação (VPI), a soma de tudo que eu fiz de certo nos primeiros programas e da análise dos erros cometidos. Até o momento em que escrevo este livro, já usei o método em mais de 850 cases de sucesso, gerando mais de 80 milhões de reais em vendas.

O Método VPI é composto por três etapas:

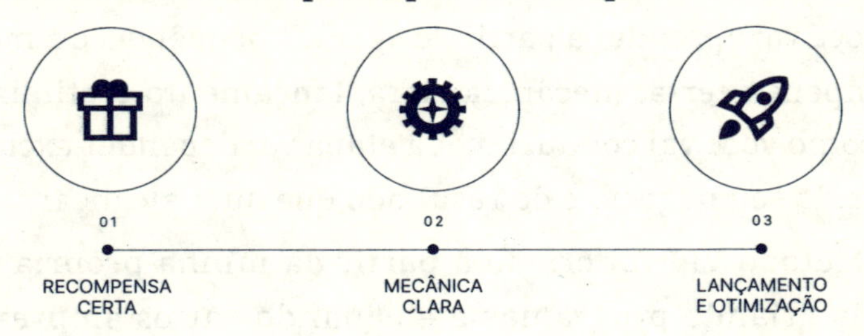

As duas primeiras – recompensa certa e mecânica clara – caminham juntas e funcionam como o motor de um carro e o seu combustível. Os dois precisam conversar para que tudo funcione adequadamente, e não dá para ficar trocando o tipo de combustível o tempo todo.

Com essas etapas do Método VPI acontece a mesma coisa. A recompensa e a mecânica são o motor do seu programa de indicações. Se você troca a mecânica toda hora perde credibilidade e acaba confundindo seu cliente que não entenderá essas alterações e simplesmente desistirá de participar.

Portanto, tenha paciência. Você tem uma parcela grande de responsabilidade para que o programa dê certo. E mais: nunca copie as recompensas e regras do concorrente. Cada empresa tem ticket médio diferente, personas diferentes, canais de aquisição diferentes. E cada uma deve adaptar as etapas do método à realidade do seu negócio.

Pense no Método VPI como um hambúrguer. O procedimento básico para fazê-lo é sempre o mesmo: pão, carne, pão. Mas o que se coloca entre essas camadas o diferencia da concorrência. Tem quem aposte em um *blend* de carnes, outro usa um hambúrguer vegano, uma maionese gourmet, um ingrediente secreto, um pão do tipo brioche, enfim, há inúmeras opções. Mas o jeito de fazer será sempre o mesmo. Assim acontece com o que você vai aprender a partir de agora. A sequência é a mesma: recompensa certa, mecânica clara, lançamento e otimização. Mas como você vai conduzir cada etapa vai depender exclusivamente do seu negócio e do resultado que quer alcançar.

O Método VPI foi criado a partir da minha própria experiência criando programas e ensinando vários empresários a construírem seus próprios programas de indicação. Nestes anos, eu constatei que, para funcionar adequadamente, o método precisa ter uma ordem estabelecida. Não adianta criar a mecânica sem descobrir a recompensa. Assim como não adianta ativar o programa se não cumpriu as duas primeiras etapas. Faça na ordem em que apresentarei porque ele vai funcionar bem dessa maneira. Pode confiar em mim.

Nas próximas páginas eu vou explicar como funciona cada uma dessas etapas e como colocá-las para rodar na prática. Mas antes de partir para o próximo capítulo, preciso voltar àquela pergunta que fiz no capítulo 2: você tem o cadastro dos seus clientes?

CADASTRO DE CLIENTES

Pode até parecer brincadeira, mas a maioria das micro e pequenas empresas, algumas médias também, não tem o cadastro de seus clientes. É algo simples, fácil de fazer, mas a realidade mostra que essa não é a preocupação dos comércios brasileiros.

Esse erro primário prejudica a empresa de várias maneiras. Uma delas é que a falta de cadastro atrapalha seu volume de vendas. Esse problema se tornou ainda mais evidente na pandemia da Covid-19, quando os negócios precisaram operar de portas fechadas. Quem estava despreparado, quem não tinha o cadastro dos clientes para entrar em contato e avisar que estava funcionando via WhatsApp, via e-commerce, via venda por telefone ou qualquer outra forma que não fosse loja física, viu as vendas caírem bruscamente. Teve até quem até precisou encerrar as atividades, infelizmente.

Outro erro é que sem o contato dos clientes você não tem como comunicá-los de que sua empresa tem um programa de indicação. Você tem que ter o mínimo controle dessa base para conseguir incentivar as indicações. E esse controle mínimo é o cadastro. Se você não sabe quem é seu cliente, não sabe onde ele está e não sabe como entrar em contato quando for preciso, seu programa de indicação não terá sucesso.

Esses dois fatores mostram como é importante ter uma empresa minimamente organizada para que ela dê resultados, tanto em vendas como em indicações. O que acontece é que há empresas que possuem problemas estruturais, ou seja, de base, para começar a rodar seus programas. São procedimentos até primários, que fazem a diferença na operação, mas que não são seguidos pelas empresas. E se o começo está errado não há como ir em frente. É como se você quisesse construir uma casa sem antes preparar o terreno. A construção até acontece, mas para a casa sobreviver ao tempo em algum momento você terá que voltar lá e consertar esse erro inicial. Do contrário, a casa cai.

SEU CLIENTE PRECISA SABER, ENTENDER E LEMBRAR DO PROGRAMA DE INDICAÇÃO DA SUA EMPRESA. SE ELE NÃO SABE QUE O PROGRAMA EXISTE, ELE NÃO INDICA.

@RODRIGONOLL

Portanto, o que eu proponho é que antes mesmo de começar o seu programa de indicação, tenha esse cadastro atualizado. Ele vai exigir um pouco de dedicação, mas será um diferencial importantíssimo para implementar o Método VPI. Você vai ver que depois dessa etapa, dar forma ao seu programa será ainda mais fácil e mais lucrativo.

Veja como fazer:

Passo 1 – Tabela de contatos

Ter o cadastro de cliente não precisa ser nada muito complicado. Pode ser uma tabela no Excel, uma planilha ou até mesmo um caderninho. Se você tiver um CRM – software que faz a gestão de clientes – melhor ainda, mas dá para fazer de maneira mais simples. O importante é ter esses contatos em mãos.

Em uma tabela, crie as seguintes colunas:

- Nome completo;
- Número de WhatsApp;
- E-mail;
- Redes sociais.

A cada cliente que fizer uma compra, avise que você está fazendo o cadastro e peça esses quatro itens. Se você tem só o nome e o número do telefone, também pode ser interessante ligar para completar o cadastro. A dinâmica é parecida com aquela do momento da compra. Agradeça a fidelidade e explique que está organizando o cadastro dos clientes e que viu que o tal contato está com os dados desatualizados ou incompletos. E então peça as informações novamente.

Passo 2 – Como nos conheceu? Quem indicou?

Você já tem o contato dos seus clientes, agora vai fazer duas novas colunas nesta tabela. Uma será "como nos conheceu?" e a outra é "quem indicou?". O processo é muito simples. Quando o cliente fizer a compra, antes de finalizar o processo faça a primeira pergunta. Ele pode ter vindo até sua empresa por causa de um anúncio, porque passou na frente da loja e resolveu entrar, por meio do seu Instagram, por uma indicação ou qualquer outro meio. Não importa qual a resposta, mas você tem que saber essa origem.

Caso a resposta seja "fui indicado", é hora de sacar a segunda pergunta: "se importaria em dizer quem nos indicou?". Esse dado é muito importante. As empresas sabem que vendem por indicação espontânea, mas não sabem qual é o percentual do faturamento que vem de lá e nem sabem quem as indicou. E o que eu quero é que você trabalhe com números reais, que tenha isso na ponta do lápis, que não seja apenas um chute ou uma suposição.

Então, a partir de agora, para qualquer cliente que comprar da sua empresa, faça seu cadastro e faça essas duas perguntas. Anote as informações e, ao final de um mês ou um período que seja mais conveniente para o seu negócio, analise todos esses dados e descubra o faturamento que veio de cada origem, o impacto na sua operação e, no caso da indicação, quantos clientes vieram dessa maneira.

Vale um alerta: para essa avaliação ser efetiva ela precisa ser feita sempre. Não dá para perguntar de vez em quando ou só quando se lembrar. Tem que ser um processo que se repete. Do contrário, o dado não é confiável.

Vamos seguir adiante: chegou a hora de aprender o método que vai fazer a sua empresa vender mais e melhor. Preparado?

A RECOMPENSA CERTA E A MECÂNICA CLARA SÃO A GASOLINA E O MOTOR DO SEU PROGRAMA DE INDICAÇÃO.

@RODRIGONOLL

5

PRIMEIRA ETAPA – ESCOLHA A RECOMPENSA CERTA

A primeira etapa do Método VPI é a **recompensa certa**. Por que começar pelo que você oferece ao cliente? Porque é essa recompensa que vai fazer com que seu cliente se interesse e se lembre de indicá-lo. A ideia é estimular as indicações, portanto, você tem que atraí-las de alguma maneira. **Por isso, vale reforçar: a recompensa tem que agradar os clientes indicadores. E não o gestor do negócio.** Vejo muita gente quebrando a cabeça tentando descobrir o que oferecer ou, pior, já oferecendo algo errado e perdendo um tempo que poderia estar fazendo outras etapas do método.

Se você incentiva a indicar, mas erra na recompensa, pode não atrair mais indicações. Além de jogar dinheiro no lixo, ainda corre o risco de atrair os caçadores de promoção, que são aquelas pessoas que só se interessam pela recompensa e não vão de fato ficar no seu negócio. Isso é muito comum acontecer quando os prêmios são presentes caros, como celulares ou carros. É mais interessante oferecer algo de menor valor que traga o cliente certo, do que algo grande que atrairá o cliente errado.

A recompensa não pode sair da cabeça do dono do negócio. Ela precisa agradar o cliente e também tem que reforçar a proposta de valor da empresa, tem que ter alguma ligação com o negócio e aumentar a satisfação do indicador. Assim, cria-se um círculo positivo de indicação:

Muitas pessoas acham que só colocar uma recompensa vai fazer os clientes atuais indicarem. Esse é um dos maiores erros que costumam acontecer em programas de indicação. A recompensa tem o papel de segmentar as indicações recebidas. Quando acerta a mão na recompensa, você traz o cliente certo e colabora para aumentar o nível de satisfação dele.

Então se você já está passando por uma situação em que a recompensa não está trazendo as indicações esperadas, pare agora mesmo. Se você está começando a pensar no seu programa de indicações e não quer errar, preste bastante atenção. **A melhor pessoa para dizer que recompensa é mais interessante é o seu próprio cliente.** Pergunte a ele. Porque o que define isso não é nem o segmento que você atua, mas sim a sua persona. O cliente de uma loja de roupas localizado em um bairro nobre é diferente do cliente de uma região de comércio popular. A pessoa que faz musculação na academia de bairro é diferente da pessoa que faz musculação na academia de luxo. Ambas são do mesmo segmento, mas têm clientes completamente diferentes, que vão querer recompensas diferentes também. Portanto, **a escolha da recompensa não está ligada diretamente ao segmento e sim à persona do seu negócio.**

QUANDO ACERTA A MÃO NA RECOMPENSA, VOCÊ TRAZ O CLIENTE CERTO.

Para tirar essa informação do cliente, faça uma pesquisa. Eu sugiro que o próprio empreendedor, o líder do negócio ou a pessoa mais sênior da empresa cuide dessa parte. Não terceirize essa pesquisa, porque o cliente nem sempre é direto na resposta. A informação pode estar nas entrelinhas e só quem tem ouvido atento e entende a operação compreenderá o que ele está querendo dizer.

Para tornar esse processo mais eficiente, divida-o em três etapas: pesquisa de levantamento de ideias (qualitativa), ajuste da lista com ideias da empresa e pesquisa de validação de ideias (quantitativa).

1. PESQUISA DE LEVANTAMENTO DE IDEIAS (QUALITATIVA)

Escolha entre dez e doze clientes mais satisfeitos da sua empresa e ligue para eles. Você pode escolher esses clientes pelos critérios que tornam alguém o melhor cliente para você, como, por exemplo, aquele que mais compra, que compra há mais tempo ou que está mais satisfeito. Escolha aqueles clientes que possuem o perfil que você gostaria de replicar. Mesmo que a sua empresa tenha milhares de clientes, esse número pequeno já serve. A ideia não é fazer a validação completa (você verá isso nos próximos passos), mas apenas levantar ideias, como o próprio nome já diz. Não vale mandar e-mail ou mensagens de WhatsApp, tem que ser por telefone mesmo porque a ideia é gerar uma conversa descontraída e não um interrogatório. Assim o cliente vai falar mais naturalmente e melhores ideias podem surgir. Caso queira agendar a conversa antes, não tem problema, o importante é que seja pelo telefone. Para abordá-lo, sugiro o seguinte script:

> Olá, [nome do cliente], tudo bem? Nós sempre recebemos indicações e você, como um de nossos clientes mais próximos, possivelmente já nos fez essa gentileza. Porém, nunca recompensamos nossos clientes da maneira que gostaríamos. Agora estamos levando esse processo para um próximo nível, criando um programa de indicação. Gostaríamos de retribuir esse ato que nos gera tanto crescimento! Por isso, gostaríamos de ouvir você: caso fizesse uma indicação da nossa empresa, o que gostaria de receber como recompensa?

Se essa primeira etapa for feita apenas por e-mail ou WhatsApp, você só vai receber respostas do tipo "não precisa de nada, indico porque gosto da sua empresa" ou "pode ser um desconto". Aliás, mesmo por telefone, provavelmente essas serão as primeiras respostas. Tenho certeza de que você ouvirá isso, e mais de uma vez. Você vai se lembrar de mim! Não tem problema. Quando isso acontecer, use um desses scripts:

Caso a resposta seja um pedido de desconto

> Obrigado por essa sugestão, estou registrando aqui. Além do desconto, teria alguma outra sugestão para gente? Algo para complementar sua experiência conosco ou que poderíamos proporcionar?

NÃO TIRE A RECOMPENSA DA SUA CABEÇA, MAS DA CABEÇA DO SEU CLIENTE. É A ELE QUE ELA DEVE INTERESSAR.

@RODRIGONOLL

Caso ouça "indico porque gosto"

> Muito obrigado, ficamos felizes em saber disso. Mas como as suas indicações nos ajudam a crescer, gostaríamos de poder retribuir de alguma forma. Existe algo que poderíamos oferecer para complementar sua experiência conosco ou que poderíamos proporcionar?

É nesse momento que aquela experiência sênior que falei entra em ação. Você deve abrir uma conversa com o cliente, trocando ideias sobre o negócio e, ao final, perguntar novamente sobre as sugestões. Também é por esse motivo que a pesquisa qualitativa é feita por telefone: para você prosseguir a conversa com o cliente perguntando "e o que mais?".

Mas atenção: você não deve induzir a resposta dando opções de recompensas, senão criará viés na pesquisa e induzirá a resposta. O objetivo é continuar conversando, perguntando a mesma coisa de outras formas até que o cliente responda, às vezes ele faz isso sem perceber. Daí a importância do ouvido atento de quem estiver fazendo a ligação. Você vai se surpreender com as respostas. É uma estratégia simples e genial.

Podem ocorrer alguns problemas nessa abordagem. O cliente pode não querer responder ou colaborar com poucas informações. Ok, não há problemas. Agradeça a atenção e siga em frente. Nada é 100% na nossa vida. Olhe para essa situação como um funil: não serão 100% das ligações que atenderão, não serão 100% dos clientes que responderão, mas nessa filtragem você consegue obter as respostas que precisa no fim do funil.

Também pode acontecer de o cliente sugerir uma premiação em dinheiro. Considere a sugestão, mas continue a conversar com a pessoa para ver se ela propõe mais alguma recompensa. O problema do prêmio em dinheiro é que ele pode deixar os indicadores desconfortáveis, pois podem ficar com a sensação de que estão se aproveitando do amigo para ter uma vantagem financeira.

Outra questão que deve ser bem frisada ao ligar para o cliente é deixar muito claro que está apenas fazendo uma pesquisa, assim ele não cria expectativas de que vai ganhar algo imediatamente se indicar um amigo.

2. AJUSTE DE LISTA COM IDEIAS DA EMPRESA

Depois de finalizar as entrevistas, reúna seu time interno e ouça as sugestões. Como os seus colaboradores lidam diretamente com o cliente e com o dia a dia da empresa, eles podem ter boas ideias.

Levantada essa lista, organize as ideias, juntando o que for muito semelhante e crie uma nova lista com as recompensas sugeridas pelos clientes e pelo time interno.

Essa etapa é bem rapidinha. Ela existe para reduzir a lista final, pois, no telefone, muitas sugestões podem vir repetidas ou duas sugestões muito parecidas podem virar uma. Além disso, ela serve para ouvir o empresário e a sua equipe, quem conhece bem seu produto.

3. PESQUISA DE VALIDAÇÃO DE IDEIAS (QUANTITATIVA)

A pesquisa de validação de ideias ou pesquisa quantitativa serve para testar as sugestões. Crie um questionário (pode ser um Google Forms)[25] com as sugestões e envie para toda a

---

25 Google Forms é um serviço de gerenciamento de pesquisas que é oferecido gratuitamente pelo Google. (N.E.)

sua base de clientes, ou seja, 100% dos seus clientes (olha aí a importância de ter o cadastro!), pedindo para que votem nas suas recompensas preferidas. Esse envio pode ser por e-mail, WhatsApp ou qualquer outra maneira que o cliente achar melhor. O importante é que ele responda. Veja dois modelos, um mais simples e outro mais complexo:

Modelo 1

Preciso da sua ajuda para saber o que lhe interessa mais! :) O que você gostaria de ganhar ao nos indicar para seus amigos e familiares? Pedimos que você escolha até três opções entre os itens abaixo.	
O que você prefere para recomendar o nosso serviço para os seus amigos? (Vote nas 3 opções que você mais tem interesse.)	
	Descontos
	Consultoria exclusiva e personalizada
	Brindes (camisa, caneca, caneta)
	Voucher em restaurantes
	Grupo VIP
	Livros da nossa biblioteca
	Conteúdo exclusivo
	Aula ao vivo para tirar dúvidas

Modelo 2

Pesquisa de recompensa	
Olá! Nós sempre recebemos indicações, e você, como um de nossos parceiros mais próximos, com certeza já nos fez essa gentileza. Agora estamos estudando a criação de um programa de indicação que levará nosso relacionamento para o próximo nível. Gostaríamos de retribuir esse ato que nos proporciona tanto crescimento! Por isso, gostaríamos de saber: caso fizesse uma indicação, o que você gostaria de receber como recompensa?	
Qual ou quais destas recompensar você teria interesse em receber? (Escolha até três opções.)	
	Nécessaire
	Aromatizador de ambiente
	Vale compras
	Desconto em produtos da empresa
	Caixa de chocolates
	Ingresso para congressos, cursos, palestras etc.
	Comidas e doces
	Brindes personalizados (caneta, agenda, squeeze, caneca, bandana, ecobag...)
	Materiais de trabalho

Repare que, no exemplo anterior, o questionário pede para o cliente assinalar três respostas. Essa regra é usada quando você tem mais do que cinco opções de recompensas na lista. Caso tenha menos que isso, o ideal é pedir para escolher apenas uma. Assim, você fecha mais a sua pesquisa e o resultado é mais assertivo.

A partir das respostas, monte uma tabela mostrando quantos votos cada recompensa recebeu. Caso use ferramentas como o Google Forms, a própria plataforma já entrega a tabela pronta.

Ao final, terá algo parecido com isso:

Exemplo 1

Opções	Votos
Grupo VIP	86
Livros da nossa biblioteca	73
Consultoria exclusiva e personalizada	36
Conteúdo exclusivo	22
Aula ao vivo para tirar dúvidas	18
Brindes (camisa, caneca, caneta)	15
Voucher em restaurantes	10
Descontos	5
Total	**265**

Exemplo 2:

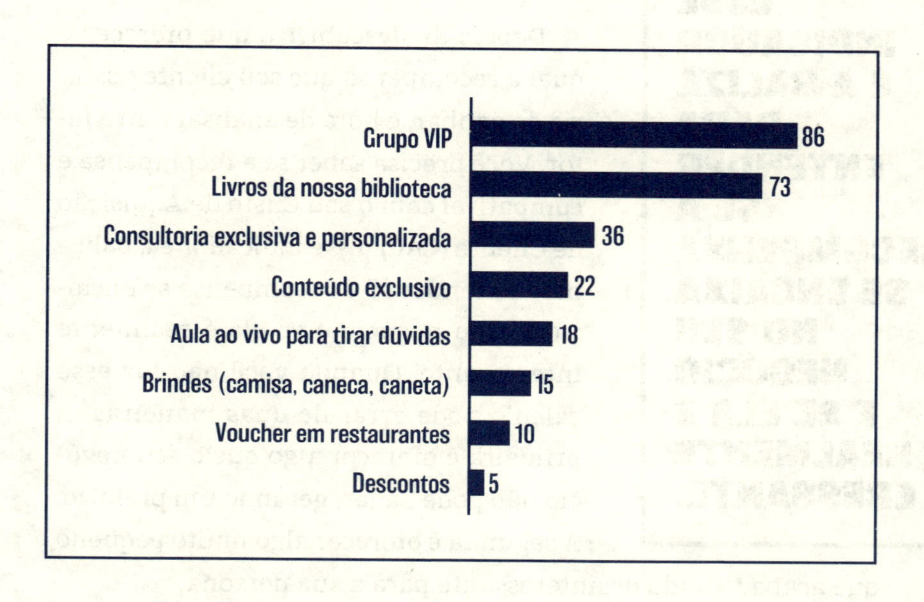

Observando os resultados dessa maneira fica mais fácil entender qual é a recompensa que os clientes mais desejam ganhar.

Não há um prazo específico para fazer a pesquisa quantitativa e a qualitativa, mas o ideal é que sejam feitas na sequência. Um dia você faz as ligações e no outro já monta o formulário e manda para toda a base. Se demorar muito, corre-se o risco de perder os insights que recebeu e, consequentemente, a parte produtiva da sua ação fica prejudicada. Da mesma maneira, não há um número certo de respostas a serem coletadas. O ideal é observar o percentual de respostas. Quando eles pararem de variar, ou seja, quando as respostas se tornarem repetitivas, você pode finalizar, mas enquanto houver variação nas respostas e o percentual mudar, é indicado continuar a coletar até chegar à estabilidade.

E O CAC?

> **ESSE INDICADOR É A BALIZA PARA ENTENDER SE A RECOMPENSA SE ENCAIXA NO SEU NEGÓCIO E SE ELA É REALMENTE INTERESSANTE.**

Depois de descobrir o que oferecer e qual a recompensa que seu cliente gostaria de ganhar, é hora de analisar outro fator. Você precisa saber se a recompensa é compatível com o seu Custo de Aquisição de Cliente (CAC). Esse indicador é a baliza para entender se a recompensa se encaixa no seu negócio e se ela é realmente interessante. Quando você não faz esse cálculo pode errar de duas maneiras. A primeira é oferecer algo que o seu negócio não pode pagar, gerando um prejuízo. A segunda é oferecer algo muito pequeno que acaba ficando desinteressante para a sua persona.

Como falamos anteriormente, o CAC indica o quanto você gasta dentro da empresa para fazer uma venda. Ao saber esse valor correto você consegue descobrir o quanto pode cobrar por uma venda. Por exemplo: se o seu CAC, ou seja, o valor para fazer uma venda for de 100 reais, você tem que cobrar mais do que esse valor para ter lucro.

Podemos dizer que é uma métrica de eficiência, pois mede o quão eficiente você está sendo ao gastar o dinheiro da sua empresa. Além disso, é uma variável importantíssima para orientar futuros investimentos para aumentar as vendas.

O ideal é que esse cálculo seja feito mensalmente. Assim, se o resultado não for o esperado, você tem condições de mudar a estratégia rapidamente.

Para descobri-lo, siga os passos a seguir:

1. Coloque em um papel todos os seus gastos em marketing em determinado período. Um mês, por exemplo. Aqui entram as ferramentas e softwares, anúncios, valor pago a agências de publicidade, panfletos, salário da equipe de marketing, comissões a agências e afiliados, pagamento a influenciadores e todos os outros gastos que sejam, especificamente, desta área;
2. Coloque em um papel tudo o que você gasta para vender no mesmo período. Exemplos: equipe comercial, salários, comissões, ferramentas, treinamentos, salários dos gestores, viagens e gastos com combustível da equipe de vendas, alimentação da equipe, entre outros exclusivos dessa área. Um ponto de atenção: caso tenha um funcionário que faça serviço de duas áreas distantes, como marketing e financeiro, por exemplo, não coloque o salário todo nesta conta. Faça o rateio e somente junte à soma o valor do salário referente ao cargo desse departamento específico;
3. Anote o número de novas vendas ou de novos clientes no mesmo período;
4. Aplique a seguinte fórmula:

$$CAC = \frac{\text{Soma total do investimento em marketing e em vendas no período}}{\text{Números de novos clientes adquiridos no período}}$$

Exemplo: se na sua empresa o seu gasto com marketing e vendas é de 1 mil reais mensais, e no último mês você conseguiu dez novas vendas teríamos um CAC de 100 reais.

$$\frac{\text{R\$1000 de gastos em marketing}}{\text{10 novos clientes no último mês}} = \text{CAC de R\$100,00}$$

Ao fazer a conta, o número obtido precisa ser menor do que seu ticket médio de venda. Caso seja maior, você precisa reavaliar a sua operação, porque não está tendo lucro. Não deixe para resolver essa questão no mês seguinte, troque de estratégia imediatamente. Também não compare o seu valor com o do concorrente ou tente ocultar valores achando que seu CAC pode ficar alto demais. Não existe CAC igual para todos, assim como não existe CAC alto ou baixo. Existe o CAC ideal para a sua empresa.

Se você ainda não faz esse cálculo, oriento a começar já. **Toda empresa que quer crescer sabe qual é o seu CAC.** Quem não conhece o CAC corre dois riscos: demorar demais para crescer, pois o empreendedor parceiro e investidor fica inseguro em investir dinheiro no negócio, ou jamais cresce e acaba morrendo, pois o dinheiro é direcionado para a finalidade errada.

As pessoas acham que o faturamento é a métrica mais importante em uma empresa. Eu não vejo assim. O lucro é que comanda esse jogo, porque não adianta vender, vender e vender se o dinheiro não volta para a operação. E o CAC faz parte desse lucro. As empresas que faturam, mas não lucram afundam lentamente como se estivessem imersas em areia movediça. Quer um conselho? Calcule o seu agora mesmo. Garanto que conhecer essa métrica vai mudar a sua empresa.

Em relação à recompensa, esse valor definido vai ajudar a definir qual é o máximo que seu negócio pode pagar por aquelas opções eleitas pelos clientes. Por exemplo, você descobriu que gasta 1 mil reais para fazer uma venda com os seus canais de vendas atuais. Ao montar um programa de indicação, utilize uma recompensa que tenha um custo de entrega (atenção, custo, não preço) de 200 ou 300 reais. Assim, você passará a fazer vendas por indicação – que são tão boas ou melhores do que as vendas por outros canais – gastando menos da metade do valor que gasta hoje. No acumulado geral, a sua empresa terá diminuído o CAC atual.

Um exemplo simples e prático: se o seu CAC é de 300 reais para vender um curso on-line, poderia criar um programa de indicação que premia com um livro físico, que vai lhe custar aproximadamente 100 reais para entregar sempre que um aluno indicar alguém para também participar do curso.

Faça esse exercício com os números do CAC e o resultado da pesquisa feita no seu negócio.

Um erro muito comum é o empreendedor eliminar uma recompensa do seu radar porque acha que não pode pagar por ela. Mas esse pensamento está errado. A recompensa pode ser cara se for em troca de uma indicação apenas, mas e se for em troca de duas, três, quatro indicações? Aí pode ficar mais interessante, certo? Então sugiro que você não descarte nenhuma opção de recompensa escolhida pelos seus clientes nas pesquisas. No próximo capítulo iremos falar sobre as regras do seu programa de indicação e você poderá encaixá-las de maneira sustentável para o seu negócio.

Agora que você já tem em mãos aquilo que faz com que seu cliente se lembre de indicar o seu negócio, está pronto para definir as regras do seu programa de indicação, próxima etapa do Método VPI. Segue comigo nesta jornada?

VENDE MAIS QUEM GASTA MAIS (CERTO).

@RODRIGONOLL

Método VPI: Etapa 1 – Pesquisa de recompensas

1. Objetivo: identificar as recompensas viáveis mais desejadas pelo cliente.
2. Ações:
   - [ ] Pesquisa (qualitativa) para levantamento de ideias;
   - [ ] Ajuste da lista com ideias da equipe;
   - [ ] Pesquisa (quantitativa) para validação de ideias;
   - [ ] Cálculo do CAC.
3. O que fazer:
   - [ ] Gerar a lista inicial de clientes e ligar fazendo a pesquisa de levantamento de ideias;
   - [ ] Organizar as opções e adicionar as ideias vindas do time interno para chegar na lista final;
   - [ ] Criar o formulário da pesquisa de validação de ideias;
   - [ ] Enviar o formulário da pesquisa de validação de ideias para a base de clientes;
   - [ ] Analisar o resultado.
4. Resultados esperados
   - [ ] Resultado da pesquisa de validação de ideias;
   - [ ] Valor em reais do CAC correto.

TIPOS DE RECOMPENSAS

Você já aprendeu que quem dita as recompensas é o seu cliente e que em nenhum momento você pode enviesar as respostas. Mas para ajudar a entender como as recompensas funcionam, listei as mais comuns:

- **Produtos grátis:** o cliente ganha um produto vendido na loja ao indicar um amigo ou parente. Por exemplo, se você tem uma loja de meias, pode dar mais meias para os clientes que o indicarem. Se tem uma loja de camisetas, pode dar mais camisetas e assim por diante. A dinâmica é simples;
- **Brindes exclusivos:** ofereça um brinde exclusivo, como uma camiseta com uma estampa criada especialmente para esse fim ou uma sobremesa desenvolvida só para quem participa da campanha. Também pode ir na linha de mimos, como um livro, um vinho ou outro brinde que o cliente possa gostar. Você acaba atraindo indicações porque mexe com o senso de pertencimento, que é aquele sentimento positivo de fazer parte um grupo exclusivo que, neste caso, seriam as poucas pessoas que têm esse produto;
- **Conteúdos exclusivos:** ofereça algum conteúdo para quem indicar novos clientes, como um e-book, uma palestra, uma aula gravada ou até uma sala virtual fechada somente para indicadores. Se você estiver realizando um evento, pode estimular as indicações oferecendo vantagens dentro da programação. Pode ser uma camiseta especial para a pessoa usar durante

o evento, um acesso à área VIP, um conteúdo gravado para a pessoa assistir depois e um *meet and greet*;[26]

- **Cupons de desconto:** muito utilizado em varejo físico ou on-line, o cupom dá um desconto para o indicador na hora da compra. Quando for pensar nessa recompensa, você pode oferecer um valor em reais como desconto ou um percentual. Essa tática também é boa para trazer o cliente da loja on-line para a física: ele ganha o desconto indicando no on-line para gastar no ponto físico;
- **Créditos:** o cliente ganha um crédito para usar em uma compra futura. Diferente do desconto em que a pessoa usa para diminuir o valor da compra, o crédito aumenta o ticket de compra porque é preciso gastar mais para usar. Dessa forma, essa tática ajuda a empresa de duas formas: trazendo mais indicações e fazendo o *upsell*;
- **Moeda interna ou pontos:** a recompensa é algum benefício dentro da própria plataforma ou site da empresa, como se fosse uma moeda interna. No programa Big Brother Brasil, a moeda interna é a estaleca. Você pode adaptar essa ideia para o seu negócio;
- **Upgrade:** o cliente que indica um amigo ganha um adicional grátis. Por exemplo, se você tem uma assinatura de algum serviço, ganha uma versão mais

26 *Meet and greet* é um encontro exclusivo com algum palestrante ou personalidade que participa do evento para um papo rápido e até para tirar uma foto. (N.E.)

completa. Se você usa um software, pode ganhar mais logins e assim por diante. Essa recompensa é muito utilizada em empresas de serviço e de SaaS (*Software as a Service* ou, em português, software como serviço), como a Netflix. O upgrade é diferente da moeda interna porque não é algo adicional em que há necessidade de uma nova transação para que o cliente use a recompensa. O upgrade é entregue de maneira direta, muitas vezes imediata, e isso faz com o que o cliente tenha mais facilidade em entender como funciona e enxergar o benefício;

- **Novas funcionalidades:** liberar mais funcionalidades dentro de um aplicativo ou software para quem indica um serviço para um ou mais amigos. Essa recompensa, porém, precisa ser implementada com cuidado. A empresa precisa entregar pelo menos o básico para que o usuário possa utilizar o serviço e ter o desejo de continuar usando e, consequentemente, indicar para amigos. Geralmente é utilizada por empresas de software;
- **Fila viral:** funciona quando um produto ou serviço está em pré-lançamento e o cliente, para saber a novidade antes das outras pessoas, se inscreve em uma lista virtual. Para ganhar posições na fila e se aproximar do primeiro lugar, ele é incentivado a indicar pessoas. Conforme vai indicando, vai subindo posições. Para ser efetiva, porém, essa recompensa precisa existir por tempo limitado ou com vagas limitadas. Dessa forma, você mexe com o gatilho da escassez, quando a pessoa se sente atraída por uma promoção ou algum serviço porque sabe que ele acabará logo;

- **Cupons em parceiros:** muito utilizado em restaurantes, academias, clínicas de estética e outros serviços, a empresa faz uma parceria com outro negócio que oferece uma vantagem para o indicador. Por exemplo: a academia oferece um cupom no salão de beleza ou o restaurante oferece um cupom na adega. O serviço parceiro nem sempre precisa ter ligação com o tipo da sua empresa. Certa vez um software para médicos ofereceu um cupom em um determinado bar para quem indicasse outros médicos. Em um primeiro momento pode ter parecido estranho, mas garanto que foi um sucesso. Isso porque a empresa de software fez uma pesquisa antes e identificou que os médicos frequentavam o tal bar. Esse cuidado foi o responsável pelo sucesso da campanha;
- **Comunidade fechada ou grupo fechado:** a ideia é estimular a indicação oferecendo a oportunidade de o cliente ser aceito em algum grupo fechado e exclusivo. Pode ser um grupo do WhatsApp ou do Telegram para receber conteúdos em primeira mão; pode ser acesso a novos produtos antes de serem lançados; direito a condições especiais de pagamento; entrada em um evento exclusivo (por exemplo, CEO Day); ou então pertencer a um grupo exclusivo para ganhar um super benefício. Para dar certo, porém, deve-se explorar o conceito de exclusividade, e reforçar a ideia de que a pessoa não pode ficar de fora da informação ou desse grupo fechado e comece a fazer as indicações para ser convidado;

- **Mix:** é quando você oferece várias recompensas dentro de um mesmo programa. Uma sugestão é fazer isso de modo escalonado: se o cliente indicar um amigo, ganha um cupom de desconto; se indicar dois, ganha um crédito na próxima compra; se indicar cinco, ganha um brinde exclusivo; se indicar dez, ganha acesso a conteúdo exclusivo e assim por diante.

QUAL É A MELHOR RECOMPENSA?

- Agora que leu a lista, me responda: qual é a melhor recompensa para o seu negócio? Pense bem. Eu posso arriscar que você quase quis decidir você mesmo a recompensa perfeita. Estou certo?
- É um erro comum, por isso, reforço: por mais tentador que seja, a melhor recompensa para o seu negócio é aquela que o seu cliente diz querer. Agora você pode começar a fazer a pesquisa!

A MELHOR RECOMPENSA PARA O SEU NEGÓCIO É AQUELA QUE O SEU CLIENTE DIZ QUERER.

@RODRIGONOLL

SEGUNDA ETAPA – MECÂNICA CLARA

Depois de definir a recompensa que mais agrada o cliente e confirmar que está dentro do seu CAC, o momento agora é definir as regras do seu programa de indicação. Essa é a segunda etapa do Método VPI, a **mecânica clara**. É quando você decide como ele vai funcionar e define os detalhes, respondendo questões como "quando a recompensa será liberada?", "quem receberá o prêmio?", "a recompensa será para toda indicação ou apenas para aquela que gerar vendas?", "indicações por posts em redes sociais também serão válidas?". É hora de reunir as respostas para todas essas questões de maneira que fiquem muito claras para quem for responsável por controlar o funcionamento do programa de indicações e, principalmente, para quem decidir participar dele.

Regras que não ficam claras para o cliente ou que não funcionam na prática colocam o seu programa a perder, mesmo que a recompensa seja muito boa. Lembro que uma vez atendi um empreendedor na minha consultoria que me relatou que seu programa não dava o resultado esperado. Ele tinha uma loja de colchões e a recompensa era um travesseiro

A PRIMEIRA ORIENTAÇÃO QUE EU LHE DOU É QUE AS REGRAS DO SEU PROGRAMA DE INDICAÇÕES SEJAM SIMPLES.

supermoderno – algo realmente muito bom. De acordo com a regra estabelecida, o cliente indicava um amigo e ganhava a recompensa na sua próxima compra. Você consegue descobrir o porquê de o programa não rodar?

Vamos lá: a recompensa era boa, a base de clientes conhecia o programa, mas o erro está na mecânica. O modo de operar estava errado. Um colchão é um produto bem durável que as pessoas trocam, em média, a cada sete ou dez anos. Portanto, qual seria o interesse do cliente indicar um amigo se só iria desfrutar da recompensa depois desse tempo todo? O que acontece é que o empreendedor copiou o programa de um negócio de alta recompra e não considerou o seu ciclo de vendas. Errou feio!

A escolha da mecânica faz toda diferença no seu programa. Uma ação mal planejada pode deixar as coisas confusas para o cliente. O resultado disso nós já falamos algumas vezes ao longo deste livro: a pessoa se desinteressa e não participa. **Já uma mecânica bem trabalhada facilita o caminho para a participação e envolve o cliente, que se sente atraído a indicar.**

Então, a primeira orientação que eu lhe dou é que as regras do seu programa de indicações sejam simples. Principalmente no início eu sugiro que tenha apenas uma regra, mas que seja clara e que permita que o maior número de clientes participe. Já começar com duas ou três regras, diversas exceções e detalhes podem complicar o entendimento do programa.

UMA MENTE CONFUSA FICA PARADA. REGRAS QUE NÃO FICAM CLARAS OU QUE NÃO FUNCIONAM NA PRÁTICA COLOCAM O SEU PROGRAMA A PERDER.

@RODRIGONOLL

GATILHO DE MECÂNICA

A sua primeira ação é definir o gatilho do programa de indicação. Isso significa decidir quando a recompensa será liberada. Existem dois tipos principais de gatilho:

Quando a empresa recebe a indicação

Se a sua intenção é capturar mais leads, trazendo clientes para a sua base rapidamente, é melhor dar a recompensa assim que o cliente indica o amigo. Isso porque a regra é simples e o cliente não tem muito trabalho para indicar, o que incentiva a participação. Em marketing e vendas, sempre que o cliente tem menos fricção para fazer algo, mais pessoas vão fazer aquela ação mais vezes. Veja bem que nesse caso a sua intenção não é aumentar as vendas (ainda que isso acabe acontecendo), mas sim buscar mais potenciais clientes ou seguidores.

Essa estratégia é indicada para empresas mais maduras, que dominam muito bem o seu funil de vendas e sabem quantos leads precisam capturar para fazer uma venda. Ou seja, são aquelas que conhecem muito bem as métricas do negócio. Geralmente as empresas que têm essas informações na mão são os e-commerces, empresas de negócios digitais ou de infoprodutos, isso porque o próprio sistema ou a plataforma que elas usam já entregam essas métricas. Claro que nada impede que outros segmentos usem essa opção. O uso, porém, precisa ser planejado já que você pode ter um número grande de indicações e precisará recompensar a todos. Pense em toda a logística dessa entrega.

Quando bem executada, essa estratégia dá resultados incríveis. Certa vez atendi na Base Viral uma empresa da área de desenvolvimento pessoal que queria capturar mais leads para o seu curso. Ela já havia feito a captação de leads com anúncios on-line, mas queria potencializar um lançamento, então criamos um funil de indicação em que cada lead indicava outros leads. O resultado foi um sucesso: 52% dos leads da campanha vieram de indicação, dobrando o lançamento a um custo praticamente zero. O esforço também se converteu em vendas. No total, 15% das vendas vieram do funil de indicação. A estratégia deu tão certo que a empresa passou a adotá-la em todos os seus lançamentos.

Quando a indicação vira venda

Se a sua ideia é trabalhar na conversão de vendas, o melhor é liberar a recompensa somente depois que a negociação com o novo cliente for concluída. Essa estratégia tem mais potencial para se tornar um canal de vendas e, como existe uma venda atrelada à indicação, a recompensa pode ser maior. Por outro lado, o resultado não tende a ser imediato, pode ser que a venda demore um pouco para acontecer porque vai demandar completar um ciclo de venda.[27]

A vantagem é que você só libera a recompensa com uma venda feita, mas se o ciclo de vendas do seu negócio for longo, a venda também demorará para acontecer, já que precisará de, pelo menos, um ciclo para aparecer. Um exemplo é a loja de colchões que citei no início deste capítulo. Outro exemplo é uma concessionária de carros. Ninguém compra carros todos os dias, portanto, pode ser que a indicação demore para virar uma venda. A desvantagem desse gatilho em empresas com ciclo de vendas maior é que o cliente pode se desengajar dada a demora em ser premiado.

---

27 Ciclo de venda refere-se ao tempo total que o cliente demora para comprar de uma empresa desde o primeiro dia que ele ouve falar do negócio até o dia que paga por um produto/serviço. (N.E.)

EM MARKETING E VENDAS, QUANTO MENOS FRICÇÃO PARA O SEU CLIENTE, MELHOR.

@RODRIGONOLL

Além desses dois, há outros gatilhos que você pode usar dependendo da sua estratégia de negócio. Por exemplo, se você vai lançar um novo produto e precisa gerar buzz – captar a atenção do público e fazer com que muitas pessoas falem do seu produto –, pode optar em recompensar o cliente quando ele marca a empresa nas redes sociais. Indicação não é só quando um cliente manda o contato do amigo. Ou quando um amigo se cadastra na sua base de dados. Estimular marcações na rede social é muito utilizado.

Esse gatilho também pode ser usado caso queira gerar reconhecimento da marca. Porém, preciso alertar: tome cuidado com o CAC. Como é uma ação simples e rápida, pode gerar um volume muito grande de marcações e você terá que recompensar todas essas pessoas. Geralmente as recompensas para marcação em redes sociais funcionam quando são digitais e não geram despesas grandes para quem concede. Eu, por exemplo, uso essa estratégia. No fim das minhas palestras, eu falo para as pessoas presentes que, se elas gostaram do conteúdo, postem uma foto do evento nas redes sociais e me marquem. Não precisa ser uma foto minha, pode ser uma foto da própria pessoa na plateia, pode ser o print das anotações que fez, enfim, qualquer coisa que mostre que ela esteve na plateia.

Aviso que quem fizer isso – me marcando, claro – vai ganhar um presente. E aí eu vario. Pode ser um e-book, uma videoaula, ou outro conteúdo avançado que agregue mais conhecimento ao que ela aprendeu na palestra. Minha equipe pega essas marcações e manda a recompensa pela própria rede social utilizada. A vantagem é que eu fidelizo um seguidor e ainda ganho mais seguidores que são os amigos da pessoa que postou. Eles olham o post, clicam para saber que eu sou e passam a me seguir também.

ASSIM COMO ACONTECE COM A RECOMPENSA – QUE PRECISA FAZER SENTIDO PARA A ATIVIDADE QUE A EMPRESA EXECUTA E PARA OS SEUS CLIENTES –, A MECÂNICA TAMBÉM PRECISA SEGUIR ESTA LINHA.

Um opcional para acelerar um programa de indicação é dar recompensas também para o indicado. Então, o indicador ganha e a pessoa que foi indicada também. Essa é uma ótima maneira de gerar uma espécie de empatia entre indicado e indicador. Mais uma vez, o que vai definir se você pode usar esta opção é o CAC. Essas duas recompensas cabem no seu CAC? Se a resposta for sim, o caminho está liberado e você pode usar essa estratégia. Mas tenha certeza absoluta antes de acionar.

A escolha do gatilho deve levar em consideração a sua estratégia de negócio. A melhor recompensa é aquela que ajuda a atingir o seu principal objetivo estratégico. Então, se você precisa de volume de contatos no seu funil, provavelmente o melhor gatilho vai ser o de indicação de leads. Se você já tem bom volume de leads, mas precisa melhorar a conversão de vendas, provavelmente o melhor gatilho vai ser o que libera a recompensa quando o indicado vira cliente e assim por diante. Assim como acontece com a recompensa – que precisa fazer sentido para a atividade que a empresa executa e para os seus clientes –, a mecânica também precisa seguir esta linha.

FORMATO DA MECÂNICA

Depois de decidir o gatilho, você irá escolher qual será o formato do programa de indicação. Ele é fundamental para que o programa rode corretamente, além de ser mais um chamariz para o cliente participar, ou seja, aumentar o engajamento. Existem vários formatos, mas vou ensinar dois que são bem eficientes. Nada impede também que você crie o seu próprio formato. Sugiro, pelo menos no início, que opte por um caminho mais seguro e use o que já foi validado. Com o passar do tempo, conhecerá mais seu programa, saberá o que faz com que ele tenha mais sucesso e então pode ir incrementando com novas ideias:

Member Get Member ou Indicou Ganhou

O cliente indica uma pessoa e ganha a recompensa. É um sistema que funciona de maneira linear, ou seja, cada indicação vale sempre a mesma recompensa. Exemplo: "indique um amigo e ganhe um cupom de 50 reais no iFood". Assim, se um cliente indicar um amigo, ele ganha uma recompensa. Se indicar outro amigo, ganha novamente a mesma recompensa. Essa é uma mecânica fácil de ser implementada e simples de entender, e pode ser usada tanto na captação de leads como na conversão de vendas. Se você nunca teve um programa de indicações, comece por ele. Uma vez implementado, pode ser usado por muitos anos.

Milestone Referral ou Escada de prêmios

É uma evolução do Indicou Ganhou. Neste caso, quanto mais pessoas o cliente indicar, melhores os prêmios. Funciona da seguinte maneira:

- 1º amigo indicado = recompensa A
- 2º amigo indicado = recompensa B
- 3º amigo indicado = recompensa C
- 4º amigo indicado = recompensa D
- 5º amigo indicado = recompensa E

Essa é uma das estratégias mais poderosas que existem, pois tanto o cliente fica engajado quanto a empresa tem conteúdo e motivo para continuar ativando e lembrando o cliente de indicar.

Para montar essa escada, coloque a recompensa mais desejada (com maior percentual na pesquisa) no meio dela. No caso do exemplo acima, no C. Quando você a coloca no início, corre o risco de o cliente indicar o primeiro amigo e depois não se interessar pelos próximos graus. Se a colocar no fim, pode não engajar porque o cliente vê a recompensa como algo muito longe e inalcançável.

A escada de prêmios incentiva o cliente a participar para ganhar cada vez mais com o seu programa de indicação. É boa opção para negócios de assinatura, de alta recorrência ou para aqueles que possuem muita frequência de contato com o cliente, como academias.

Ainda há outros formatos que você pode acionar. Por exemplo, as missões de ativação que são usadas quando a empresa já tem um programa de indicação, mas quer incrementar as vendas em datas comerciais (Natal, Dias das Mães, Black Friday ou qualquer outra) ou em um mês em que a empresa queira bater uma meta específica. Essa mecânica pode ser feita a partir de um ranking em que os clientes são premiados pelo número de indicações ou pode ser acionada por um sorteio. É como se fosse um bônus ou um acelerador do programa de indicação existente.

Outro formato é o sistema de pontos. Nessa regra, o cliente não ganha uma recompensa, mas acumula pontos conforme vai fazendo indicações. Depois de um período, ele troca esses pontos por um prêmio. É diferente de um programa de fidelidade, como os oferecidos por companhias aéreas e administradoras de cartões de crédito em que o objetivo é reter clientes e os pontos são usados como moedas para esse fim. Os programas de indicação têm objetivo diferente: em vez de reter clientes, eles usam os clientes atuais para fazer novas vendas.

Como funciona na prática?

Para ficar mais fácil de entender, vou colocar alguns exemplos de mecânicas e recompensas de empresas que atendemos na Base Viral. Você vai ver como pode organizar internamente esse processo:

Empresa do setor educacional

- Gatilho: o indicado precisa adquirir o serviço, portanto, venda;
- Formato: escada de prêmios;
- Recompensas definidas:
    - Na 1ª indicação: uniforme completo da escola;
    - Na 2ª indicação: um jantar para a família em um restaurante;
    - Na 3ª indicação: um fim de semana para o casal em um hotel;
    - Na 4ª indicação: ingressos para um parque de diversões.

Empresa do setor de saúde bucal

- Gatilho: o indicado precisa fazer uma avaliação gratuita;
- Formato: escada de prêmios;
- Recompensas definidas:

- Na 1ª indicação: clareamento;
- Na 2ª indicação: voucher de 250 reais para usar na clínica;
- Na 3ª indicação: jantar a dois;
- Na 4ª indicação: voucher de 250 reais para usar na clínica;
- Na 5ª indicação: cesta + foto do paciente.

Empresa do setor de desenvolvimento pessoal

- Gatilho: o indicado precisa se inscrever no evento;
- Formato: escada de prêmios;
- Recompensas definidas:
    - Na 1ª indicação: atendimento em grupo com o expert;
    - Na 3ª indicação: matrícula em um dos cursos oferecidos pela empresa;
    - Na 5ª indicação: acesso à plataforma da escola com conteúdos exclusivos por um mês;
    - Na 7ª indicação: matrícula em um dos cursos oferecidos pela empresa;
    - Na 15ª indicação: matrícula em um dos cursos oferecidos pela empresa;
    - Na 30ª indicação: imersão em grupo;
    - Na 50ª indicação: matrícula em um dos cursos oferecidos pela empresa;
    - Top indicador – prêmio único para quem fizer mais indicações no lançamento: mentoria individual com o expert.

O MELHOR PROGRAMA DE INDICAÇÃO É AQUELE QUE AJUDA VOCÊ A ATINGIR OS SEUS OBJETIVOS ESTRATÉGICOS.

@RODRIGONOLL

PARA CONHECER MAIS CASES, ACESSE O QR CODE AO LADO.

https://www.instagram.com/rodrigonoll/

CLIENTES VIP

Imagine a seguinte situação: você tem um programa de indicações rodando e percebe que existem alguns clientes que se empenham mais, participam, indicam, falam do seu programa, ou seja, estão mais engajados. Como privilegiar esses clientes?

A resposta está aqui: você pode criar um programa exclusivo que rode em paralelo ao programa atual, mas ofereça um benefício maior, feito somente para uma parcela pequena de clientes pré-selecionados. É como se fosse a categoria black de um programa de milhas.

Criar um programa exclusivo também é uma boa opção quando você percebe que na sua base há influenciadores digitais. Esse cliente tem uma audiência muito grande nas redes sociais e você pode atraí-lo com um programa diferente. Não é contratá-lo, mas sim beneficiá-lo.

Algo muito importante nesse tipo de programa é manter o relacionamento de maneira que esse cliente se sinta realmente privilegiado. A comunicação, por exemplo, deve ser pensada para que ele se sinta único. Pode ser criando um canal exclusivo para que ele dê as suas indicações ou até mesmo dedicando uma pessoa para falar com ele. Nesse atendimento, chame-o pelo nome, mostre que conhece alguns de seus gostos (o histórico de compras do cliente ajuda nessa hora) e conduza a conversa até pedir a indicação.

Não esqueça de salientar o quanto ele é VIP. Fortaleça a sensação de exclusividade. A recompensa também precisa ser especial, algo que rode acima do prêmio do programa original. Quanto mais personalizado for esse contato e quanto mais VIP esse cliente se sentir, maiores são as chances de que ele indique pessoas com o seu mesmo nível e que também consumam um ticket alto.

CONTROLE DAS INDICAÇÕES

Controlar as indicações é uma preocupação grande para a maioria dos empresários que criam um programa desse tipo. Afinal, eles querem saber se as ações estão tendo resultado. E com toda razão, porque o programa precisa ter um resultado concreto para se justificar. Do contrário, ele perde o sentido.

A maneira mais simples de controlar essas indicações é adicionar no seu formulário de vendas, seja ele uma tabela de Excel, um CRM ou um caderninho mesmo, uma coluna com a pergunta “como nos conheceu?”. Assim, é fácil constatar o aumento das vendas e a ligação com as indicações. Essa é a forma mais simples de monitorar. Inclusive mencionamos essa ação no capítulo 4 quando falamos sobre como criar um cadastro atualizado de clientes.

O SEGREDO DE UM PROGRAMA DE INDICAÇÃO DE SUCESSO É A ATIVAÇÃO FREQUENTE JUNTO AO CLIENTE, ALÉM DE UMA RECOMPENSA BEM ESCOLHIDA E DE UMA REGRA SIMPLES QUE TODOS ENTENDAM.

@RODRIGONOLL

Outra maneira de monitorar é fazendo algumas alterações no sistema na hora de cadastrar a venda ou em outro momento. Cada empresa tem um sistema diferente, então é preciso levar isso para cada realidade e estudar uma forma de implementá-la.

Uma maneira bem interessante, porém, mais complexa, é usar ferramentas de mercado para fazer esse controle de indicações recebidas. Existem diversas opções disponíveis – Viral Loops, Upviral, Referral Candy, Growsurf, Talon.One, Referral Rock etc. – e a escolha vai depender do que a empresa já tem e a mecânica escolhida. Cada momento aparece uma ferramenta nova e é importante sempre fazer uma pesquisa para saber dessas novidades.

É importante deixar claro que as ferramentas, apesar de serem bem interessantes, não são essenciais para controlar as indicações e nem são as responsáveis pelo sucesso de um programa de indicação. Muitos empresários contratam ferramentas de indicação e acham que todos os seus problemas estão resolvidos. Esse é um engano comum. O cliente não indica porque tem uma ferramenta, indica porque gostou do incentivo, sabe que o programa existe, entendeu a regra e é lembrado de indicar frequentemente.

Você deve estar se perguntando: *então, por que indicou as ferramentas?* Meu trabalho aqui é ensinar e, como bom professor, quero dar todas as opções disponíveis. Mesmo não as usando agora, é importante que você saiba que existem essas opções.

O segredo de um bom programa de indicação está na escolha da recompensa correta, o gatilho e um formato que tenha sinergia com o seu negócio, além de uma ativação também correta. Há empresas que nos procuram já com programas rodando em

INDEPENDENTEMENTE DA REGRA QUE VOCÊ ESCOLHER PARA O SEU PROGRAMA, ALGO NÃO PODE FALTAR: ELE PRECISA SER O MAIS TRANSPARENTE POSSÍVEL PARA O CLIENTE.

uma ferramenta, mas sem resultado. Ou pior: atraindo vários caçadores de promoção. E quando vamos fazer o diagnóstico, descobrimos que a estratégia está errada. Então, cuidado ao usar as ferramentas. Lembre-se de que elas são meio e não fim.

CREDIBILIDADE E TRANSPARÊNCIA

Independentemente da regra que você escolher para o seu programa, algo não pode faltar: ele precisa ser o mais transparente possível para o cliente. Estou me referindo em mantê-lo informado sobre o que acontece com a indicação. Ele precisa saber se o amigo entrou, quando entrou, se ele fez uma compra e quando receberá o prêmio. Pode ser um e-mail, um telefonema, por uma área restrita dentro do site, enfim, encontre a melhor maneira de falar com esse cliente indicador. Só não deixe de se comunicar com ele.

Isso é importante porque quando alguém indica a sua empresa para outra pessoa, na prática está emprestando a própria credibilidade para o negócio. E todo mundo tem uma reputação a zelar frente a outras pessoas. Quando o cliente indica a sua empresa cria-se uma relação de confiança e isso precisa ser devolvido com clareza e transparência.

É sempre mais simpático o cliente saber pela empresa o destino da indicação do que pelo próprio amigo ou, pior, nunca saber o que aconteceu. Pense que essa relação precisa ser pautada na verdade e não apenas na intenção de vender, vender, vender.

Quando você se preocupa com esse feedback, dá mais credibilidade para o cliente indicador. Na próxima ocasião em que ele tiver a oportunidade de indicar, fará isso com mais tranquilidade, pois tem certeza de que o programa de indicação é confiável tanto para ele próprio como para o amigo indicado.

Como já falei – e devo repetir algumas vezes até o fim da sua leitura –, o cliente é o principal ativo das indicações. Portanto dar esse retorno é uma gentileza que ajudará a aumentar a proximidade. Tudo o que for planejar, coloque-se no lugar dele e pense se seria viável ou não. Isso vale para a escolha da recompensa e para a escolha das regras. No fim, o seu trabalho será reconhecido e você criará um programa duradouro que, por muitos anos, trará mais clientes e, consequentemente, vendas para a sua empresa.

Agora que você já entendeu como escolher as regras do seu programa está preparado para a terceira etapa do Método VPI: o lançamento e otimização do programa, mas, antes, vamos ao checklist para garantir que você não deixará de aplicar cada um dos passos do método.

Método VPI: Etapa 2 – Regras claras do programa

Passo 1: Definição das regras

1. Objetivo: definir as regras do programa de indicação, ou seja, quais as recompensas que serão utilizadas a cada indicação de acordo com o CAC e o gatilho que libera a recompensa.
2. Ações:
   - ☐ Cálculo do custo de entrega das recompensas que apareceram na pesquisa (não o preço);
   - ☐ Definição do gatilho que libera a recompensa;
   - ☐ Definição do formato do programa de indicação;
   - ☐ Criação da mecânica final do programa.

3. O que fazer:

   - [ ] Listagem do custo de entrega das recompensas que apareceram na pesquisa.

4. Resultados esperados:

   - [ ] Mecânica do programa de indicação definida;
   - [ ] Custo das recompensas definidos.

Passo 2: Processo de recebimento das indicações

Checklist

1. Objetivo: definir qual será o processo interno para receber as indicações.
2. Ações:

   - [ ] Definição do processo de recebimento das indicações.

3. O que fazer:

   - [ ] Mapear o seu processo atual de vendas e garantir que as indicações recebidas sejam atendidas;
   - [ ] Treinamento do time envolvido no processo de recebimento das indicações.

4. Resultados esperados:

   - [ ] Processo de recebimento das indicações completamente definido;
   - [ ] (Opcional) Definição de ferramenta para ser utilizada no processo de recebimento das indicações.

INDICAR AMIGOS
PARA UMA
EMPRESA É O
ATO DE EMPRESTAR
SUA CREDIBILIDADE
A ELA.

@RODRIGONOLL

7

TERCEIRA ETAPA – LANÇAMENTO E OTIMIZAÇÃO

Recompensa definida, mecânica estabelecida, chegamos à terceira e última etapa: o **lançamento e otimização do programa** de recompensa oferecido. Ela fecha o Método VPI e é onde mora o dinheiro! É nessa etapa que seus clientes serão estimulados a participar do programa. Afinal, se você não lançar seu programa adequadamente e se não o ativar da maneira correta, ou seja, não lembrar ao seu cliente que ele pode indicar, colocará tudo a perder. Ou como eu costumo dizer, deixará o dinheiro na mesa. Será que você está disposto a fazer tudo isso e errar logo nessa fase?

A etapa do lançamento e otimização é responsável pela performance do programa de indicação. Não adianta ter uma boa recompensa e uma mecânica correta se os seus clientes não ficarem sabendo que o programa existe, não entenderem o seu funcionamento e não serem lembrados dele com certa frequência. A maior causa do fracasso de programas de indicação é a falha na comunicação com a base de clientes.

Nesta etapa, você precisará se preocupar com a escolha do nome do programa, os canais de comunicação e frequência, a mensagem, o lançamento, a ativação, os fluxos de ativação e as missões de ativação e os ciclos de otimização. Bastante, eu sei, mas vamos lá!

NOME DO PROGRAMA

Embora não seja uma obrigatoriedade, escolher um nome para o seu programa de indicação dá uma identidade para esse canal de vendas.

Eu sugiro que opte por um nome simples, aquele que a pessoa entenda do que se trata já no primeiro contato. Quanto mais rápido ela entender, melhor, pois você não precisará de tanto esforço para explicar o que está lançando. Pode ser algo como "Indicação premiada", "Programa indicou, ganhou", "Quem indica, amigo é", "Programa de Indicação da [nome da empresa]" etc.

Esses nomes são simples e até bem comuns, mas funcionam melhor do que nomes elaborados ou genéricos, como "Programa mais", "Programa amigos da [nome da empresa]", "Você e seus amigos na [nome da empresa]", que não entregam de cara do que se tratam. O cliente terá que ler o post ou o e-mail todo ou se informar de outra maneira para entender que é um programa de indicação. Lembra-se do que falamos sobre o tempo de atenção das pessoas? Ele dura segundos, se você não aproveitar esse período para que ele se interesse rapidamente pelo que está dizendo, perderá uma grande chance de ter um indicador ao seu lado.

Não se preocupe em ser original, preocupe-se em informar adequadamente o cliente. **Quando falamos em indicação,**

A MAIOR CAUSA DO FRACASSO DE PROGRAMAS DE INDICAÇÃO É A FALHA NA COMUNICAÇÃO COM A BASE DE CLIENTES.

@RODRIGONOLL

AQUI, A REGRA QUE VALE É: USE O MÁXIMO DE CANAIS POSSÍVEIS PARA COMUNICAR PARA A SUA AUDIÊNCIA QUE O SEU PROGRAMA DE INDICAÇÕES EXISTE.

você não está concorrendo com outras empresas, então é melhor um nome funcional do que um original ou extremamente criativo. Tenha em mente que a comunicação do seu programa de indicação é feita, exclusivamente, para quem já é seu cliente; ou seja, já conhece o seu produto ou serviço e já comprou da sua empresa, então a intenção é que ele saiba e entenda rapidamente que, a partir de agora, seu negócio tem um programa de indicação. Simplesmente isso.

Guarde sua energia criativa para se ocupar em ativar o programa de indicação que está lançando. Isso sim será importante para a perpetuação desse trabalho.

CANAIS DE COMUNICAÇÃO E FREQUÊNCIA

Os canais de comunicação são os responsáveis pela distribuição da sua mensagem avisando aos seus clientes do programa de indicação. Pode ser por e-mail, Instagram, Facebook, Telegram, WhatsApp, telefone, remarketing, planfletos etc. Pode até mesmo ser por meio da equipe de vendas. Tudo isso são canais de distribuição. Aqui, a regra que vale é: use o máximo de canais possíveis para comunicar para a sua audiência que o seu programa de indicações existe.

Faça um levantamento para descobrir o que faz mais sentido para a sua audiência e explore todos os canais. Todos mesmo, sem exceção. Lembra-se quando falei que os empresários estavam fazendo as perguntas erradas quando quer saber se faz uma coisa ou outra? Pois bem, aqui faz todo o sentido. **Use menos o "ou" e mais o "e". Mande e-mail e faça remarketing. Poste no Instagram e mande uma mensagem pelo Telegram e WhatsApp. Quanto mais "e" ao invés de "ou" você usar, melhor será. Mais canais sempre.** Dificilmente uma mensagem consegue ganhar o mundo se estiver limitada a um canal de comunicação. Quanto mais você conseguir "cercar" o cliente, melhor.

Cabe a mesma regra em relação à frequência. Quanto mais vezes comunicar o cliente, melhor será. Claro que existe um cuidado para não saturar, para não ficar inconveniente, mas se você enviar uma mensagem hoje e esperar uma, duas semanas para enviar outra, a mensagem que quer transmitir provavelmente ficará pelo caminho. Por isso, analisar a sua audiência é a melhor maneira para achar esse parâmetro. Pode ser que para determinada empresa mandar um e-mail por dia seja demais. Porém, para outra, mandar três mensagens por dia seja completamente normal. O que vale é encaixar lembretes sobre o programa de indicação nas suas comunicações atuais com a maior frequência possível.

Lembre-se que seres humanos aprendem por repetição. Além disso, cada pessoa consome conteúdo de maneiras diferentes. Para atender a sua base, quanto mais canais de comunicação utilizar e quanto maior a frequência da mensagem, mais aquilo vai fixar na cabeça do seu cliente.

Nessas comunicações, inclua também aquela pessoa que nunca comprou da sua empresa, os não-clientes. A maior parte dos clientes que passam pelo funil acaba não fazendo a compra. Porém, eles têm um potencial grande pois já conhecem o seu produto ou serviço e podem indicar amigos com o mesmo problema a ser resolvido.

QUANDO O ATENDIMENTO É BEM-FEITO, ATÉ O CLIENTE QUE NÃO COMPROU SENTE VONTADE DE INDICAR A EMPRESA PARA ALGUÉM.

@RODRIGONOLL

Você pode abordá-lo da seguinte maneira:

> Olá, [nome do cliente]. Entendo que você tenha decidido não fechar negócio conosco neste momento, mas já que você entendeu um pouco mais sobre a nossa solução, conhece alguém que pode se interessar pelo nosso serviço? Caso tenha alguém para nos indicar, gostaríamos de apresentar o [nome do programa de indicação], programa em que, a cada indicação que contratar a [nome da sua empresa] você ganha! Na primeira indicação bem-sucedida, você ganha uma [nome da recompensa]! Incrível né?!
> Para indicar, basta enviar o nome e o telefone da sua indicação via [insira o método de captação, pode ser e-mail, WhatsApp, cadastro em plataforma] agora mesmo!

Imagine que o seu funil de vendas tenha 10% de taxa de conversão. Existe um exército de 90% de não-compradores para os quais pode comunicar que seu programa existe. Quando o atendimento é bem-feito, mesmo o cliente que não comprou se sente impelido a indicar a empresa para alguém.

MENSAGEM E MOMENTOS-CHAVE

A mensagem que vai enviar para o cliente tem que fazer com que ele entenda rapidamente que a empresa tem um programa de indicação. Tom da mensagem, design, linguagem adequada ao canal de comunicação, tudo isso será irrelevante se não conseguir fazer com que o cliente entenda em um piscar de olhos que aquilo se trata de um programa de indicação. Produza textos, e-mails, imagens, vídeos e até mesmo áudios explicando o programa e informando que ele existe.

Uma dúvida muito comum que surge é sobre o melhor momento de fazer essa aproximação ou mandar as mensagens. Existem alguns momentos-chave que podem conter essas mensagens já pré-programadas, dependendo do tipo de negócio, por exemplo depois que o cliente faz uma compra, um pagamento recorrente, quando o cliente resolve um problema pelo SAC, quando o cliente volta de uma experiência de uso do produto ou serviço. Não há limites. O melhor mesmo é identificar quando o cliente está mais disposto a ser receptivo a participar.

O LANÇAMENTO

Com o nome pronto e a comunicação planejada, você vai ter que criar as estratégias para lançar o seu programa de indicação. Quanto melhor lançar, menos trabalho terá lá na frente para que os clientes saibam que ele existe.

O lançamento de um programa de indicação deve ser como o de um produto qualquer da sua empresa: você tem que elevar o nível de consciência das pessoas em relação àquilo. Todo consumidor passa por cinco estágios de conscientização na sua jornada de compra. Ele vai do inconsciente, em que ele não sabe que precisa do produto, para consciente do problema, depois consciente da solução e consciente do produto até chegar ao totalmente consciente.

No caso do programa de indicação, a ideia é alcançar esse último estágio em que ele conhece tudo a respeito do lançamento.

Assim, o passo a passo básico segue um roteiro simples:

1. **Antecipação**

   Avise seu cliente por meio dos canais de comunicação (redes sociais, mensagem de WhatsApp, e-mail ou qualquer outro meio que faça sentido para o seu segmento) que tem uma novidade para contar em determinado dia e que você irá surpreendê-lo. Crie um suspense. A ideia é chamar a atenção do cliente;

2. **Lançamento**

   No dia anunciado, utilize o máximo de canais possíveis para avisar que agora sua empresa tem um programa de indicação. A ideia é usar muitos canais no menor tempo possível, fazendo uma força concentrada. É o tradicional "fazer barulho", entende? A sua base tem que saber do novo programa de alguma maneira, e não importa se o mesmo cliente vir a mensagem no Instagram, no Facebook e receber um e-mail. O que eu vejo é que, algumas vezes, as empresas fazem pouca divulgação, o lançamento fica muito fraco e atinge poucos cliente;

3. **Follow-up**

   Não dá para cruzar os braços e relaxar logo após o lançamento. Você precisa garantir que seus clientes sabem do seu programa e entendam como funciona. Eu sugiro que escolha uma amostra pequena da sua base e ligue ou mande uma mensagem perguntando se eles ficaram sabendo da novidade e aproveite a deixa para convidá-los a aderir ao programa. Se a sua base é pequena, vale a pena contatar todos eles. Mas não demore muito para fazer o follow-up. Aproveite enquanto o assunto ainda está quente e que ainda existe um burburinho.

Pode ser no dia seguinte ou, no máximo, uma semana após o lançamento. Mas não deixe essa tarefa de lado.

Para facilitar a sua vida, criei um checklist de lançamento do seu programa de indicação como sugestão. Olha só:

- ☐ Marcar data de lançamento do programa de indicação;
- ☐ Ter um nome/marca para o programa de indicação;
- ☐ Treinamento da equipe interna;
- ☐ Regulamento do programa de indicação;
- ☐ Material visual que será utilizado na divulgação;
- ☐ Texto padrão de divulgação;
- ☐ Página na internet com todas as regras;
- ☐ Vídeo falando sobre o lançamento do programa de indicação;
- ☐ Remarketing para clientes no Facebook Ads;
- ☐ Adicionar o campo "como nos conheceu?" no formulário de venda para monitorar as indicações.

Você pode adicionar outros itens nessa lista, desde que sejam viáveis e possíveis dentro da realidade do seu negócio. O racional é pensar: *isso ajuda o cliente a saber e entender o programa de indicação?* Se a resposta for sim, vale a pena fazer.

A ATIVAÇÃO

Assim como uma das regras do marketing é vender o que o cliente quer comprar e não o que você quer vender – já falamos sobre isso ao longo deste livro –, é importante também ativar esse cliente para que ele execute uma ação.

No caso de uma venda, é pedir para o cliente comprar o seu produto. Já em um programa de indicação, o *call to action* (CTA)[28] é pedir para o seu cliente indicar outras pessoas. Se você não pedir, dificilmente ele se lembrará de indicar. No máximo fará de maneira orgânica, e não dá para contar com esse tipo de indicação como um canal de vendas por conta da instabilidade. É a ativação correta que garantirá que seu programa de indicação seja um canal de vendas otimizado, escalável, possível de ser gerenciado e que trará lucro para a sua empresa por muito tempo.

Muitas empresas me procuram com a reclamação de que já possuem um programa de indicação, mas que não funciona como gostariam. A maior parte das vezes o problema está justamente no fato de que o cliente não sabe que o programa existe ou não entende como ele funciona. Pior: não é lembrado que ele pode indicar. Isso significa que a ativação não foi bem-feita. Eu não quero que você caia nesse erro, por isso vou mostrar o que é preciso fazer para ter uma ativação e um programa de indicação de sucesso.

Ainda vejo empresários que acreditam que basta ter uma boa recompensa para o cliente lembrar de indicar a empresa aos amigos e familiares. Isso é utopia. Repito: você pode dar a recompensa certa, aquela que encanta o cliente, mas isso não o fará participar ativamente do programa se não for lembrado que pode indicar ou não entender como o programa funciona.

---

28 *Call to action* (CTA) significa chamada para ação. O termo é usado no marketing digital para indicar ao usuário algo que deve ser feito usando termos incentivadores como "acesse", "clique", "compre agora" etc. (N.E.)

ATIVAR É GARANTIR QUE O CLIENTE SAIBA QUE O PROGRAMA EXISTE, ENTENDA COMO FUNCIONA E LEMBRE-SE DE INDICAR.

Você pode usar o seguinte script para ativação do seu programa:

Olá, [nome do cliente], nós percebemos que muitos clientes nos indicam, o que valorizamos muito, pois a sua indicação é sinal de que fizemos diferença na sua vida, e nós crescemos muito com isso! Para agradecer esse gesto que já é espontâneo e do cotidiano dos nossos clientes, decidimos levar esse relacionamento para um próximo nível. Sabemos que você indica porque gosta do nosso trabalho e nós agradecemos muito por isso. Saiba que, a partir de agora, vamos retribuir essas indicações que [gatilho que libera a recompensa] com [recompensa]. Portanto, [nome do cliente], se você quiser nos indicar, [descrição de como participar do programa de indicações].

Ativar é garantir que o cliente saiba que o programa existe, entenda como funciona e lembre-se de indicar. Existem vários meios de manter esse contato e as pessoas reagem de maneiras diferentes a cada um deles. Há aquelas que preferem falar ao telefone, há quem prefere ler, ver uma mensagem em vídeo ou escutar um áudio, outros preferem centralizar tudo no e-mail. Enfim, use o possível para estar perto desse cliente. Não dá mais para achar que apenas disparar um e-mail vai resolver a sua vida.

FLUXOS DE ATIVAÇÃO

Para que a ativação funcione corretamente, criei três fluxos que fazem parte do Método VPI e que funcionam muito bem. Cada um tem uma função específica, você deve usá-los continuamente na sua empresa. Vamos lá:

É A ATIVAÇÃO CORRETA QUE GARANTIRÁ QUE SEU PROGRAMA DE INDICAÇÃO SEJA UM CANAL DE VENDAS OTIMIZADO, ESCALÁVEL, POSSÍVEL DE SER GERENCIADO E QUE TRARÁ LUCRO PARA A SUA EMPRESA POR MUITO TEMPO.

@RODRIGONOLL

Fluxo de adesão: o objetivo é fazer os clientes aderirem ao programa. A ideia é falar com aquela pessoa que nunca indicou e descobrir se ela sabe que existe essa possibilidade. Entre em contato e diga:

Olá, [nome da pessoa], tudo bem?

Você sabe que temos um programa de indicação e que é fácil participar dele? Sabe que você pode receber uma recompensa já na primeira indicação? Sabe que para indicar é só [explicar como funciona a regra]? Se tiver dúvidas, clique aqui ou nos mande uma mensagem e bora fazer a primeira indicação!

Repare que, nesse caso, o *call to action* é o "bora fazer" da indicação.

É muito comum que a maior parte da sua base de clientes esteja nesse fluxo. No marketing de indicação, uma minoria faz a maioria do resultado. É isso mesmo. Não é toda a base que vai se empenhar para indicar mais e mais pessoas, e tudo bem. Isso já é esperado e, mesmo assim, você terá bons resultados. Mas isso não quer dizer que deva desistir dos demais. É sempre importante estar de olho nas pessoas que nunca fizeram indicações e as colocar dentro do seu programa. Afinal, quanto mais pessoas entrarem nesse bloco da "minoria", mais resultados sua empresa terá lá na frente. Por isso, eu considero o fluxo de adesão como o topo do funil de indicação.

Fluxo de engajamento: a ideia é engajar os clientes que já aderiram ao programa, mas fizeram apenas uma indicação e pararam. O objetivo é lembrá-los que podem continuar indicando. Você concorda comigo que todo ser humano conhece mais do que uma pessoa, né? Portanto, esse cliente tem potencial de indicar mais pessoas. Pode ser três, cinco, dez, cinquenta, duzentas pessoas ao longo de um ano. O que ele precisa é ser lembrado. E como lembrá-lo de indicar? O método mais simples é entrando em contato via e-mail, WhatsApp ou telefone e explicando. Algo do tipo:

> Olá, [nome da pessoa], tudo bem?
>
> Estou aqui para lembrar que o programa de indicação da nossa empresa está no ar e que você pode indicar quantas pessoas quiser. Lembre-se que nossas recompensas são [descrever as recompensas]. Para indicar, basta [explicar a regra do seu programa]. Bora fazer mais indicações?

Caso o cliente já tenha recebido alguma recompensa, você pode abordá-lo de uma maneira mais elaborada, veja um exemplo:

> Olá, [nome do cliente]! Tudo bem?
>
> Você agora faz parte do grupo de clientes que já ganhou prêmios do programa de indicação, e isso nos deixa muito animados! O programa está sendo um sucesso! Finalmente estamos podendo retribuir para os nossos clientes por algo que já faziam por nós com tanta dedicação!
>
> Queremos continuar retribuindo e, por isso, vim lembrar que ainda temos outros presentes esperando por você!
>
> - [Recompensa 1] - liberada!
> - [Recompensa 2]
> - [Recompensa 3]
>
> Gostaríamos de ajudar você a garantir a sua próxima recompensa. Esse é um presente que realmente é incrível, [descreva o porquê].

Tudo o que você precisa fazer para garantir esse presente é indicar aquelas pessoas que [precisam de algo; buscam X resultado; querem resolver tal problema etc.], através do [canal definido para receber indicações].

Aproveite para indicar agora mesmo!

Lembre-se: Sempre é importante fechar a mensagem com o *call to action*.

O fluxo de engajamento é o fundo do funil. Não adianta colocar pessoas para dentro do seu programa se elas não participarem. Crie na sua empresa uma dinâmica de lembrança. A cada dois ou três meses – dependendo do seu ciclo de vendas – entre em contato com o cliente para relembrá-lo sobre o programa. É sempre mais fácil obter uma nova indicação de quem já indicou do que daquela pessoa que ainda está no zero.

Fluxo de conversão: o principal objetivo desse fluxo é preparar a pessoa que chega ao programa, motivando-a a indicar. Vejo bons programas de indicação que não prosperam porque os clientes não receberam o tratamento adequado. A pessoa fica esquecida na base. Aliás, esse é um problema grave em muitas empresas brasileiras. O gestor gera o lead e não atende o cliente, não fornecendo o retorno que ele precisa para fechar o negócio. A tendência é que se afaste e procure outra empresa que o trate melhor. No programa de indicação acontece o mesmo. Não adianta conquistar a indicação de um cliente e esquecer que ele existe.

Existem várias maneiras de melhorar esse atendimento. Você pode, por exemplo, conversar com a pessoa assim que ela chega ao programa. Ligue ou mande um e-mail, de preferência no mesmo dia, explicando que ela foi indicada, por quem foi indicada e agradecendo a participação. Aproveite para contar um pouco mais sobre como é a sua empresa, quais serviços ou produtos oferece e como ela pode fazer a compra.

A MAIOR PARTE
DOS CLIENTES VAI
FICAR COM POUCAS
INDICAÇÕES. SUA
MISSÃO É FAZER AS
PESSOAS INDICAREM
MAIS. ISSO É O QUE
TRAZ MAIS RESULTADO.

@RODRIGONOLL

Caso essa pessoa compre, vale a pena convidá-la também a participar do programa de indicação. Entre em contato novamente e explique como funciona o programa, fale que ela pode ser recompensada usufruindo dos mesmos benefícios da pessoa que a indicou anteriormente e a incentive a participar.

Essas são algumas sugestões. Você pode criar uma ação de acordo com a sua empresa e seu fluxo de vendas. O mais importante é nunca, jamais, de jeito algum, deixar esse cliente perdido na sua base.

MISSÕES DE ATIVAÇÃO

Para acelerar o seu programa de indicação, crie ações de ativação pontual. São as chamadas missões de ativação. Trata-se de uma promoção de indicação adicional ao programa que já existe. Existem alguns tipos de missões que você pode colocar para rodar. Seguem algumas sugestões:

- **Acelerador:** a empresa oferece uma nova recompensa ou bônus para todos que fizerem o *call to action* em um determinado período. Por exemplo: o programa padrão oferece 1 mil reais por indicação. Durante a missão, cada indicação vale mais 500 reais;
- **Ranking:** "os top 10 clientes que mais fizerem [determine uma ação] entre os dias [determine o período] ganham [coloque o prêmio]". Para essa missão funcionar, o ideal é divulgar o ranking dos clientes indicadores de tempos em tempos;
- **Sorteio:** aqui a empresa realiza um sorteio entre as pessoas que fizeram um determinado número de indicações em um período. Exemplo: "serão sorteados [número de clientes] clientes que fizeram [número] indicações no período de [determine início e fim da missão]".

CICLOS DE OTIMIZAÇÃO

Além de lançar e ativar você precisa mensurar o seu programa para saber se ele está trazendo os resultados planejados. Por isso, é fundamental que você conheça os números do seu programa desde o primeiro dia em que estiver no ar. De que forma? Por meio de métricas. Existem várias que você pode utilizar, mas vou ensinar três que considero mais importantes. Você pode fazê-las em uma planilha no computador ou até mesmo em uma folha de papel. Não é nada muito complicado, mas os resultados são fundamentais para você decidir se mantém o programa como está ou se precisa de algum ajuste. As principais métricas são:

Taxa de adesão: mede a quantidade de clientes da sua base que aderiram ao programa de indicação. Esse número deve ser calculado mês a mês ou a cada trimestre para que você acompanhe a evolução e saiba se o número de clientes que indicam está aumentando, estável ou diminuindo. O *benchmark*, ou seja, um número que serve de referência para você comparar com o seu negócio, é 15% ao ano. Você vai ver que alcançar esse patamar não é um bicho de sete cabeças.

O cálculo da taxa de adesão é feito da seguinte forma:

$$\frac{\text{Número de participantes que indicaram ao menos uma pessoa}}{\text{quantidade de clientes ativos}}$$

Exemplo: digamos que uma empresa tenha 800 clientes ativos. Desses, 150 participaram do programa indicando outras pessoas. Então:

$$\frac{150}{500} = 0{,}3 \times 100 = 30\%$$

Portanto, a taxa de adesão desta empresa é 30%.

Taxa de engajamento: mostra quantas pessoas cada cliente que aderiu ao programa indicou em um determinado período, que pode ser um mês, um trimestre, semestre ou ano. Você vai determinar o que mais faz sentido para o seu negócio.

Calcule da seguinte forma:

$$\frac{\text{Número de indicações totais recebidas}}{\text{número de participantes que indicaram}}$$

Exemplo: uma empresa recebeu 45 indicações em um ano de 15 indicadores. Então:

$$\frac{45}{15} = 3$$

Portanto, a taxa de engajamento é 3, o que eu considero um bom número. Aqui não há um *benchmark*, a referência é a sua meta de vendas. Se você alcançou o resultado esperado, ok. Não importa se a sua taxa é 1 ou 5.

Taxa de conversão: é a quantidade de indicações que se converteram em vendas. Essa métrica é importante para você saber se a sua abordagem de vendas está correta. Ela não mede a qualidade do programa de indicações, porque ele pode ser excelente, mas se o time de vendas for ruim, a indicação não se converterá.

É FUNDAMENTAL QUE VOCÊ CONHEÇA OS NÚMEROS DO SEU PROGRAMA DESDE O PRIMEIRO DIA EM QUE ESTIVER NO AR.

@RODRIGONOLL

A taxa de conversão envolve vários fatores, como preço, concorrência, time de vendas, posicionamento de mercado, forma de pagamento, contrato, qualidade do seu produto, satisfação do cliente atual etc. Para saber se a sua taxa é boa, compare-a com os outros canais de vendas da empresa.

Para calculá-la, é simples:

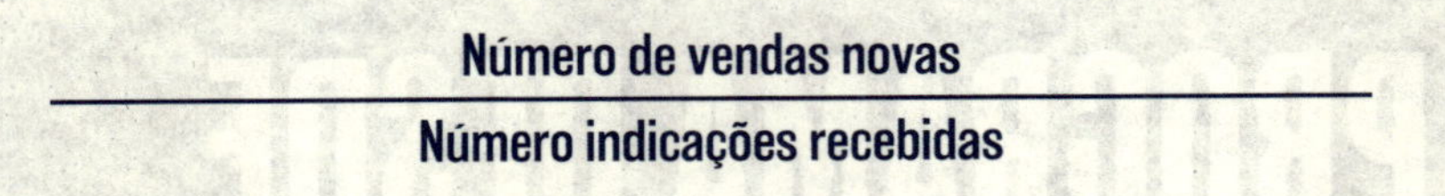

$$\frac{\text{Número de vendas novas}}{\text{Número indicações recebidas}}$$

Assim, se você fez dez vendas depois de ter recebido trinta indicações do programa, então:

$$\frac{10}{30}$$

Transformando em porcentagem dá um total de 33%. Essa é a sua taxa de conversão.

Não sei se você reparou, mas as três métricas têm exatamente os mesmos nomes dos três fluxos de ativação que ensinei. Não é mera coincidência. Cada taxa está ligada à sua métrica, isso ajuda a resolver os problemas que surgem ao longo da ativação. Se você faz o cálculo da taxa de adesão e descobre que está baixa, significa que você está convencendo poucas pessoas a aderirem ao programa ou que seus clientes não sabem que ele existe. O que fazer? Trabalhar mais o fluxo de adesão. Pode acontecer também da sua taxa de engajamento estar baixa, e então é preciso um esforço maior no fluxo de engajamento. Faz sentido?

O SEU PROGRAMA DE INDICAÇÃO

Agora que você tem todas as etapas à mão e sabe como usar as métricas, já é possível colocar um programa no ar. Não precisa começar com algo muito complicado ou trabalhoso. Comece simples, com uma recompensa sem complicações e menos regras, mas comece. Como é a primeira vez que está executando, pode fazer um programa de indicação direcionado apenas para os clientes mais satisfeitos da empresa.

Para saber quem se enquadra nesse perfil é importante fazer o NPS (*Net Promoter Score*), métrica que mostra o quão satisfeitos estão os seus clientes com o produto ou serviço oferecido.

Como calcular o NPS?

Essa metodologia é bem conhecida e simples de ser feita. Você mesmo já deve ter participado de uma pesquisa desse tipo. Para cada cliente, envie um e-mail com duas perguntas:

1. De 0 a 10 o quanto você recomendaria a empresa para a sua família e amigos?
2. Qual motivo ou quais motivos justificam a sua resposta?

O resultado precisa ser analisado em duas partes. Primeiro faça um levantamento da pontuação dada na primeira pergunta. Dependendo da nota, esse cliente é classificado de modos diferentes. Funciona da seguinte forma:

- Clientes que responderam 9 e 10 são os promotores. São aqueles que estão satisfeitos com o serviço prestado e que indicariam a sua empresa;
- Clientes que responderam 7 e 8 são os neutros. São aqueles que podem trocá-lo pelo concorrente a qualquer momento e por qualquer motivo;
- Clientes que responderam de 0 a 6 são os detratores. São aqueles que não gostam da sua empresa e não a recomendariam.

Quando você analisa a pontuação recebida consegue descobrir qual nível de satisfação sua empresa alcança e, além disso, consegue criar estratégias para cada um desses perfis. E como fazer isso? É nesse momento que entra a segunda pergunta. As respostas dadas são um tesouro, pois indicam o que você está fazendo que está dando certo para o cliente satisfeito (promotor) e o que precisa melhorar para trazer para seu lado o cliente insatisfeito (detrator) e o neutro. Esses dois últimos são o pote de ouro. Considere o que eles dizem como uma consultoria gratuita. Pegue a resposta, analise a crítica à sua operação e resolva os problemas indicados. Às vezes é algo básico que está incomodando e que tem fácil solução.

O ideal é que o NPS seja feito a cada três meses, mas dependendo da sazonalidade do seu negócio você pode adaptar esse período. O mais importante é que essas pesquisas sejam anônimas – para a pessoa ter a liberdade de dizer verdadeiramente o que pensa – e por isso mesmo o ideal é que sejam feitas por um link enviado ao cliente. Quanto mais verdadeiras forem as respostas, mais fiel será o resultado. Assim, você tem mais chances de melhorar a sua operação, transformando os clientes detratores e neutros em promotores.

Mais um detalhe sobre o NPS. Para saber qual é o NPS da sua empresa, não calcule a média das notas recebidas. Quem faz isso, vai se enganar. "Meu NPS deu 9,5, estou voando baixo!". Isso está errado. Inclusive, é um péssimo NPS. O jeito certo de calcular NPS é:

NPS = % promotores - % detratores

O resultado indica o grau de satisfação por meio de um score que vai do -100 (ruim) ao +100 (excelente). Busque mais informações na internet sobre o NPS de empresas famosas no seu segmento e compare-os com o seu. Esse é um bom parâmetro para saber como está a sua operação.

Outra opção é lançar o programa de indicação apenas para um grupo controlado da sua base de clientes. Você pode determinar compradores apenas de uma região (uma cidade ou um estado) ou que estão na empresa há um tempo determinado, enfim, estude a sua base e veja como você pode trabalhar essas variáveis.

Como você estará trabalhando com uma base reduzida, esse período será um teste para posteriormente ampliar o seu programa para mais clientes e com recompensas e regras mais elaboradas. **Muitas vezes o empreendedor fica paralisado diante do excesso de complexidade que quer impor ao seu próprio programa de indicação e não consegue executá-lo.** Ou o lança no mercado com muitas regras, e o cliente não entende como funciona. Por isso, sugiro esse teste. Você vai descobrir como o cliente reage à novidade, se ele se interessa em indicar, se a regra funciona, como abordar corretamente o seu cliente, como incentivá-lo a indicar mais... Enfim, todos os elementos que permitirão avançar o programa com mais segurança.

Existe outra maneira de testar o seu programa. Embora eu defenda que ele seja um canal de vendas da sua empresa e, portanto, tem que trazer resultado continuamente e durar por muito tempo, no início você pode lançá-lo como campanha pontual de venda. Nesse caso, tem prazo determinado para acontecer, geralmente curto. Exemplo: clientes que indicarem durante o mês de setembro ganham uma recompensa. Assim, ao fim desse período, você tira a campanha do ar para avaliar como funcionou. Essa é uma maneira leve de colocar seu programa de indicação no ar e fazer as modificações necessárias sem que fique parecendo que a empresa errou. Você valida sem se comprometer.

Caso coloque a campanha para rodar e constate que está tudo certo, não é preciso fazer alterações, você pode comunicar aos seus clientes que devido ao sucesso, o programa de indicações foi prorrogado e ficará no ar por tempo indeterminado.

Sei que são muitas informações e que você pode ficar até meio confuso em um primeiro momento, mas estou aqui para ajudar. Entreguei nestes capítulos tudo que eu faço quando vou colocar um programa de indicação para rodar. Se você seguir certinho cada uma das etapas tenho certeza de que conseguirá. Aproveite e me conte as suas ideias para montar o programa da sua empresa. Você me encontra no Instagram @rodrigonoll. Vou adorar saber que aproveitou o que ensinei aqui.

Método VPI: Etapa 3 – Lançamento e otimização do programa

Passo 1 – Réguas de relacionamento e comunicação

1. Objetivo: criar a estratégia de comunicação que será implementada nos primeiros trinta dias do programa de indicação a fim de lançar o programa e fazer os clientes saberem, entenderem e lembrarem de indicar.
2. Ações:
   - [ ] Definição do nome do programa;
   - [ ] Definição de canais a serem utilizados para comunicar os clientes;
   - [ ] Definição da frequência de comunicação em cada canal;
   - [ ] Definição de momentos-chave da jornada do cliente que serão utilizados para estimular a indicação;
   - [ ] Definição dos materiais para o lançamento da campanha de indicação.
3. O que fazer:
   - [ ] Criação de materiais (imagens, e-mails, scripts, vídeos, layout);
   - [ ] Treinamento interno da equipe.
4. Resultados esperados:
   - [ ] Réguas de relacionamento e comunicação criadas;
   - [ ] Materiais de divulgação criados;
   - [ ] Time interno do cliente treinado.

Passo 2: Lançamento do programa de indicação

1. Objetivo: revisão das réguas de relacionamento e comunicação definidas nos primeiros trinta dias do programa de indicação, apresentação das métricas do programa e alinhamento sobre o processo de otimização do programa de indicação.
2. Ações:
   - [ ] Revisão da estratégia de comunicação definida para os primeiros trinta dias do programa de indicação;
   - [ ] Apresentar as métricas do programa de indicação que serão usadas para otimizar o processo;
   - [ ] Definir o processo de otimização do programa de indicação ao longo do tempo que ele fica no ar.
3. O que fazer:
   - [ ] Usar todos os canais que a empresa já tem para falar com os seus clientes para levar a mensagem do programa de indicação para mais pessoas;
   - [ ] Garantir que a comunicação do programa de indicação vai ter frequência e que o cliente será lembrado rotineiramente de indicar.
4. Resultados esperados:
   - [ ] Programa de indicação lançado;
   - [ ] Garantia de execução da estratégia de comunicação definida para os primeiros trinta dias do programa de indicação.

Passo 3: Ciclos de otimização

1. Objetivo: aumentar o faturamento gerado pelo programa de indicação.
2. Ações:
   - ☐ Analisar o resultado do programa de indicação;
   - ☐ Analisar a régua de relacionamento e comunicação atual;
   - ☐ Realizar o diagnóstico das primeiras alavancas de vendas por indicação a partir das métricas do programa;
   - ☐ Criar um plano de ação para aumentar o faturamento ajustando a estratégia atual.
3. O que fazer:
   - ☐ Manter os dados atualizados do programa de indicação.
4. Resultados esperados
   - ☐ Aumento do faturamento do programa de indicação por meio das estratégias criadas;
   - ☐ Plano de ação para aumentar o faturamento do programa de indicação com base no diagnóstico das principais métricas de vendas por indicação.

Passo 4: Plano de escala

1. Objetivo: escalar os resultados do programa de indicação por meio de novos ciclos de otimização.
2. Ações:
   - ☐ Analisar o resultado do programa de indicação;

- [ ] Analisar a estratégia de comunicação atual;
- [ ] Realizar o diagnóstico das principais alavancas de vendas por indicação;
- [ ] Criar um plano de ação para aumentar o faturamento ajustando a estratégia atual.

3. O que fazer:

- [ ] Manter atualizados os resultados do programa de indicação.

4. Resultados esperados

- [ ] Aumento do faturamento do programa de indicação por meio da implementação de estratégias criadas;
- [ ] Plano de ação para aumentar o faturamento do programa de indicação com base no diagnóstico das principais métricas de vendas por indicação.

COMECE SIMPLES,
COM UMA
RECOMPENSA SEM
COMPLICAÇÕES E
MENOS REGRAS,
MAS COMECE.

@RODRIGONOLL

8 SUA EMPRESA MAIS INDICÁVEL

Nas palestras que apresento ou nos cursos que ministro é muito comum encontrar empreendedores que ficam em dúvida se o marketing de indicação pode ser implementado no seu segmento. Por mais que eu fale que basta ter clientes para começar a receber indicações, eu acho válida a preocupação. Afinal, cada negócio tem seus detalhes, tem seus clientes, tem seu ticket médio, seu CAC, seu retorno sobre investimento e a sua maneira de vender.

Talvez você, assim como eles, esteja se perguntando: *será que isso funciona para o meu negócio?* Pois bem, com toda a experiência que tenho, posso dizer que se você tem clientes, o marketing de indicação funciona. E repito: não importa se você tem um negócio que vende produtos, serviços, se lida com clientes de alto ou baixo padrão, se o negócio é B2C ou B2B, se tem alto ou baixo ticket de vendas. Indicar é um ato natural do ser humano e, como todas as empresas vendem para seres humanos, colocar um programa de indicação para rodar vai aumentar a sua lucratividade em pouco tempo.

INDICAR É UM ATO NATURAL DO SER HUMANO E, COMO TODAS AS EMPRESAS VENDEM PARA SERES HUMANOS, COLOCAR UM PROGRAMA DE INDICAÇÃO PARA RODAR VAI AUMENTAR A SUA LUCRATIVIDADE EM POUCO TEMPO.

Foi o que aconteceu com uma empresa de tecnologia para call centers atendida pela minha empresa Base Viral, que ultrapassou a faixa de 1 milhão de reais faturados usando as vendas por indicação. E uma grande empresa de tecnologia e aplicativos que rodou o seu programa de indicação e, em apenas um mês de lançamento, faturou 550 mil reais em vendas aplicando o Método VPI. E se você ainda tem dúvidas se o método apresentado aqui serve para qualquer tipo de negócio, preste atenção no case de uma empresa do ramo de educação que atendemos na Base Viral:

Ela já investia em mídia paga, mas não tinha o retorno esperado. Criamos um programa de indicação incentivando os alunos a indicar amigos da escola. Em poucos meses, o programa de indicação Indique e Ganhe se tornou um canal com 30% de conversão em vendas, praticamente igualando a taxa de conversão de canais já estabelecidos há anos. Resultado: 109 alunos inscritos em menos de um ano e mais de 80 mil reais faturados. Bastou usar as recompensas certas e ativar de maneira correta os alunos do curso. Até mesmo na área de saúde, que é cheia de regulamentações pelos conselhos técnicos, dá para usar o marketing de indicação. Uma clínica de cirurgia estética de alto padrão de São Paulo vivia o dilema de precisar atrair mais clientes, porém se deparava com opções de marketing limitadas devido ao setor em que atua. Com uma estratégia adaptada às restrições do negócio, criamos um programa de indicação que, em quatro meses de lançamento, conquistou 370 mil reais de faturamento.

É um marco para qualquer negócio.

Agora, eu lhe pergunto: por que você não aproveita essa oportunidade gigantesca? Quem não aciona o marketing de indicação está deixando dinheiro na mesa. Eu já atendi empresas de mais de 35 segmentos e todas, sem exceção, se beneficiaram do Método VPI quando seguiram as etapas que ensinei. E todas, sem exceção, colheram ótimos resultados. Algumas, inclusive, precisaram dar uma pausa no programa diante de tantas indicações que tiveram. Imagina o potencial que você está deixando de lado todos os dias?

Um dos grandes estresses de qualquer negócio é encontrar um canal sólido de aquisição de clientes. Trazer clientes novos custa caro e leva tempo. E o marketing de indicação resolve esse dilema, pois encurta esse caminho e ainda diminui o CAC. Isso acontece porque os seus próprios clientes estão trazendo outros clientes. É como se você tivesse um exército recrutando pessoas a todo o momento para consumir seu produto ou serviço.

Vamos imaginar a seguinte situação: você, como empresa, consegue captar cerca de cinquenta clientes em um mês por meio de investimento alto em publicidade, cupom de desconto e uma promoção. Lembre-se que tudo isso tem um custo. Agora transfira essa tarefa para os seus clientes. Sua base tem mil cadastros e você ativa todos. Nesse funil, cerca de 20%, ou seja, duzentos deles indicam mais três amigos. Em um mês, você tem seiscentos leads. Se 10% deles finalizarem a venda, você já ultrapassou a captação feita anteriormente. Sem gastar, praticamente, nada. É a estratégia de marketing mais econômica e lucrativa que sua empresa vai ter.

EXISTE UM MITO NO MERCADO DE QUE AS EMPRESAS NÃO PODEM PEDIR INDICAÇÃO, POIS PASSA A IMPRESSÃO DE QUE ESTÃO DESESPERADAS OU EM SITUAÇÃO RUIM.

@RODRIGONOLL

Apesar de ser algo ainda pouco aplicado no Brasil, o marketing de indicação já é consolidado nos Estados Unidos. Por lá, o *referral marketing*, como é chamado, faz parte da estratégia de empresas de todos os portes. Até grandes empresas, como Dropbox, Duolingo e PayPal usam as indicações de maneira recorrente como ferramenta de vendas.

QUEBRE O MITO

Existe um mito no mercado de que as empresas não podem pedir indicação, pois passa a impressão de que estão desesperadas ou em situação ruim. Se você um dia também pensou isso, pode parar agora mesmo com esse tipo de ideia. A indicação é uma maneira de vender e não tem nada de errado nisso. O que você precisa fazer é lembrar seu cliente de indicá-lo e não implorar para que ele o recomende.

Outro mito do mercado é que existe um momento certo para começar a lembrar seu cliente de indicar a sua empresa, como se existisse um momento mágico. Puro engano. O melhor momento é aquele em que o cliente deu o primeiro sim para a sua empresa, ou seja, quando a venda é fechada, e ele está pronto para o próximo passo que é sugerir um novo cliente. Geralmente as pessoas compram motivadas pela emoção. Elas justificam a compra usando o racional, mas se movimentam por fatores emocionais, então esse é o melhor momento para estimular a indicação.

Guarde o que eu vou falar: **quem tem de lembrar o cliente a indicar é você.** Esse ato se assemelha a uma venda, em que você faz uma oferta, negocia e depois fecha. Como você pode fazer isso? Eu vou facilitar a sua vida e ensinar um modelinho. Mas, como você sabe, não copie, adapte-o para o seu negócio:

Meu querido cliente. Seja bem-vindo à nossa empresa. É um prazer ter você conosco. A nossa empresa funciona muito pela indicação dos clientes atuais. Queremos criar uma comunidade, uma cultura de que atendemos pessoas que são amigos dos nossos clientes, isso é muito importante para nós.

Agora que você já conhece nosso produto e serviço, já sabe como funciona e nos deu esse voto de confiança, quero lembrar-lhe que indicações são muito importantes para nós e damos prioridade para atender amigos dos nossos clientes atuais. Portanto, se você conhece alguém que tem o mesmo problema e gostaria de ter os mesmos benefícios que você, que já conheceu nosso produto, lembre-se de nos indicar. Vamos ficar muito felizes de receber esse contato e garanto para você que seus amigos serão extremamente bem atendidos, assim como você foi. Inclusive, se você estiver pensando em alguém agora, envie o contato do cliente pelo nosso [inserir rede social, contato].

Acha que vai ficar constrangido de pedir a indicação? Quem age dessa maneira está jogando contra a própria prosperidade, agindo como uma trava para o crescimento da empresa. Deixe esse sentimento de lado e faça o que estou propondo. Também não se preocupe caso algum desses clientes não queira indicar um amigo. Isso é normal. Afinal de contas, quem no planeta Terra fecha 100% das propostas de vendas que faz? Pense nisso. Se você pedir indicação para dez clientes e apenas três deles entrarem no jogo, está ótimo. Você já tem três novos clientes para trazer para a sua empresa.

FAÇA O FEIJÃO COM ARROZ

A indicação é um ativo tão importante que mesmo antes de colocar o seu programa para rodar já consegue ter os primeiros resultados. O que você precisa é deixar os seus clientes satisfeitos. Uma empresa se torna mais indicável quando ela foca a experiência do seu consumidor. Fixe este pensamento: clientes satisfeitos indicam mais. Hoje as empresas que mais vendem têm foco na satisfação do cliente. Esse é o pontapé do seu programa de indicação. Assim, fazer o feijão com arroz – que é cuidar dos clientes atuais e usar os ativos que estão embaixo do seu nariz – traz eficiência e resultado.

Como assim, fazer o feijão com arroz, Rodrigo? Fazer o feijão com arroz significa ter os dados da sua empresa na mão. Organizar o cadastro dos clientes, como eu já citei lá no início, é fazer o feijão com arroz. Perguntar se seu cliente veio de indicação também é fazer o feijão com arroz. Mas existem ainda outras maneiras de deixar a sua empresa pronta para as indicações. E, por que não, já colher também os primeiros resultados?

Abaixo eu sugiro outras maneiras de fazer isso. É como se você preparasse o seu cliente, deixando-o satisfeito e "quente" para o programa de indicação que vai criar assim que terminar de ler este livro.

O que vou ensinar aqui deve ser aplicado antes mesmo de começar a rodar o seu próprio programa de indicação. Vai por mim, comece por aqui. Você vai ver que depois dessa etapa dar forma ao seu programa, será ainda mais fácil e mais lucrativo. A minha intenção é entregar resultado rápido. Isso é possível e real.

Duplo A (agradecer e ativar)

É uma estratégia simples, rápida e direta para gerar vendas usando as indicações orgânicas (aquelas que você já tem e que não foram estimuladas), agradar o seu cliente e levantar caixa rápido – hoje ainda, pode acreditar. Ela nasceu quando eu percebi que muitos empresários tinham uma parte do faturamento já proveniente de indicação, mas não se davam ao trabalho de agradecer essas pessoas que mandavam amigos e parentes para a sua empresa. Isso é um absurdo. As indicações podem ser a base do seu negócio e você nem se dá ao trabalho de agradecer. É inadmissível.

O Duplo A funciona da seguinte forma: quando você identificar que o cliente veio por indicação, envie uma mensagem de agradecimento para o indicador. Pode ser por WhatsApp, por e-mail, por um telefonema ou até uma cartinha escrita à mão. Olha só que dedicação!

Escreva algo simples. Vou dar um exemplo, mas lembre-se de que é só um modelo. Você deve adaptá-lo ao seu negócio, com o seu tom de voz e com a linguagem mais habitual do seu público. Afinal, não adianta chamar de senhor o público que vem de uma loja de surf, como não faz sentido usar a linguagem jovem e informal se você for um advogado. Essas particularidades fazem a diferença quando você precisa se aproximar do seu cliente. Vamos ao exemplo:

> Oi, [nome da pessoa], tudo bem?
>
> Recebemos a sua indicação do [nome do cliente indicado]. Primeiro gostaríamos de agradecer muito e dizer que o [nome do cliente indicado] virou nosso cliente. Ele foi muito bem tratado, assim como todas as indicações que recebemos aqui na [nome da sua empresa]. Indicações dos nossos clientes atuais são muito importantes para o nosso negócio e a grande maioria das vendas ocorrem dessa forma. Por isso, quero dizer que você pode continuar indicando seus amigos, pois eles sempre serão muito bem atendidos como o [nome do cliente indicado] foi e você ajudará no crescimento do nosso negócio. Indique seus amigos que têm perfil parecido com o seu. Para mandar suas indicações, mande o contato do cliente pelo [insira contato de redes sociais, WhatsApp, site ou e-mail].

VOCÊ VIVE DE INDICAÇÕES, MAS NUNCA PAROU PARA AGRADECÊ-LAS.

@RODRIGONOLL

Em uma só mensagem você agradeceu – "gostaríamos de agradecer muito e dizer que o [nome do cliente indicado] virou nosso cliente" – e ativou a indicação de novos clientes – "quero dizer que você pode continuar indicando seus amigos, pois eles sempre serão muito bem atendidos".

O mais importante neste passo é focar essa ligação ou o envio da mensagem. Mas, caso você queira reforçar o sentimento de gratidão, pode enviar como bônus um presente simples para o indicador. Pode ser um livro, um vinho, um bombom. Pense em algo que tem a ver com o seu negócio e com o seu público.

O Duplo A geralmente aumenta as indicações, mas para isso ele precisa virar um processo e ser feito com constância e consistência. Eu sugiro, inclusive, que agora acrescente mais uma coluna naquela tabela que você fez. Coloque "Duplo A" e vá marcando "sim" ou "não". É uma maneira de controlar o processo e depois quantificar o retorno que a estratégia está dando ao seu negócio.

Overdelivery

Significa entregar mais do que seu cliente espera quando recebe o pedido que fez ou quando faz uma compra. Isso causa encantamento com a empresa. Essa tática é tão importante e fácil de ser colocada em ação que você a usará em diferentes situações.

Uma forma de aplicar o overdelivery é entregando uma quantidade a mais do pedido que o cliente fez. Um exemplo: o cliente encomenda dez esfihas, você entrega onze. Outra maneira é entregar produtos relacionados. O cliente pede um almoço e você manda uma sobremesa como agrado. Ou entrega uma amostra de algum produto que você ainda vai lançar.

QUANDO ESTIVER DEFININDO O SEU OVERDELIVERY, PERGUNTE-SE SEMPRE SE AQUILO VAI CAUSAR SURPRESA E ENCANTAMENTO AO CLIENTE.

Claro que para dar certo você precisa saber a sua margem de lucro. O overdelivery não pode comprometer a receita da empresa. Uma saída é encontrar parceiros que forneçam produtos para serem enviados aos clientes. Exemplo: uma loja de roupa feminina pode mandar para o cliente que compra um look um brinco da marca parceira ou um cupom de desconto em um salão de beleza. Nesse esquema, todos ganham. A empresa agrada o cliente, o parceiro faz propaganda do seu negócio para uma base de clientes que não é sua e o cliente recebe algo a mais do que pediu.

Você não precisa usar o overdelivery em todos os pedidos que receber. Pode escolher uma base e trabalhar nela essas oportunidades. Pode escolher, por exemplo, apenas aqueles identificados como detratores na sua pesquisa NPS. Ou clientes de uma cidade específica em que a empresa esteja começando a operar, consumidores com ticket acima de um determinado valor, pessoas que estão fazendo a primeira compra, enfim, o importante é surpreender. Para criar clientes satisfeitos, quanto mais rápido você começar, mais rápido o lucro aparece.

Mas atenção: overdelivery não é oferecer algo com desconto na compra de um produto. Exemplo: "compre uma calça e leve a blusa com 20% de desconto." Se tem que pagar, ele perde a característica de superar a expectativa do cliente. Também não vale anunciar: "compre o almoço e ganhe a sobremesa" ou "compre dez coxinhas e leve onze. Ele tem que ter o fator surpresa.

QUANTO ANTES VOCÊ COMEÇAR, ANTES VOCÊ VERÁ O RESULTADO. QUANTO MAIS VOCÊ OTIMIZAR, MAIOR SERÁ O RESULTADO.

@RODRIGONOLL

Quando estiver definindo o seu overdelivery, pergunte-se sempre se aquilo vai causar surpresa e encantamento ao cliente e coloque-se na posição de quem está recebendo o pedido. Se a resposta for sim, então você está em um bom caminho.

Prova social e depoimento

Assim como o overdelivery, a prova social e depoimento é outra estratégia que ajuda a empresa a se tornar mais indicável e permite retorno rápido para a empresa. Uma coisa é o dono da empresa falar que tem o melhor produto do Brasil, outra muito mais forte e impactante é ouvir clientes que foram beneficiados falarem isso. Portanto, o jogo é trabalhar com o depoimento.

Para conseguir esse depoimento é preciso pedir, não tem muito jeito nesse caso. Você pode até conseguir alguns organicamente, mas isso depende da sorte. E não há gestão que sobreviva dessa forma. Então, para não contar com a imprevisibilidade, mapeie os clientes mais satisfeitos – pode ser detectando aqueles que melhor falam da sua empresa nas redes sociais ou aqueles que consomem mais – e aborde-os. De que forma? Explicando com gentileza o que você precisa. Segue um modelo para você se inspirar:

> É muito legal ter você como cliente e ver como valoriza o nosso negócio. Estamos fazendo um trabalho de organização dos nossos cases e depoimentos de clientes. Ter esse material é importante para a gente, pois ajuda a passar para a frente a nossa mensagem e o nosso serviço. Seria bem interessante ter um depoimento seu. Um depoimento de um cliente satisfeito ajuda muito na venda e, se você nos autorizar, pretendemos utilizar isso na nossa operação. Eu gostaria de saber se você topa nos ajudar com isso. A ideia

seria você gravar um depoimento para a gente em vídeo, gravado em casa mesmo, com celular, espontâneo e sem scripts, contando como foi que nos conheceu, o que acha do nosso produto ou serviço, como ele o ajuda e, claro, falando um pouco dos resultados que conseguiu. Você topa?

Para ajudar o seu cliente, você pode mandar um roteirinho para ele seguir. Por exemplo: como era a sua situação antes de tomar a decisão de adquirir o meu produto? Qual foi a objeção interna que você enfrentou para tomar essa atitude? Quais foram os resultados práticos? Qual foi a coisa mais importante que você conquistou devido ao resultado obtido com o produto? Por que você indicaria a empresa para um amigo?

Essas perguntas servirão como guias, ele não precisará responder todas (e deixe isso claro para o seu cliente, como você viu no modelo anterior, queremos um vídeo espontâneo, nada mecânico ou desconfortável). A ideia é que ele não tenha muito trabalho, quanto mais genuíno for o vídeo, mais credibilidade passará. Mesmo assim, vale a pena passar algumas dicas: peça, por exemplo, para gravar de frente para uma janela ou luz e em um lugar fechado, como casa ou escritório. Isso deixará o áudio mais limpo e minimizará interferências externas. Também o oriente a deixar a câmera na horizontal, usar um fundo branco ou sóbrio e que o vídeo tenha, no máximo, cinco minutos de duração.

Dessa forma, você diminui o risco de receber um material que não pode ser aproveitado. Imagine perder o depoimento que você prospectou só porque não dá para escutar o que o cliente disse ou porque o celular está na vertical? Não se preocupe em incomodar o cliente ao dar essas dicas. Na verdade, isso o auxiliará e ele se sentirá mais seguro para gravar o vídeo que você pediu.

GERAR EXPERIÊNCIAS
É OFERECER AO
SEU CLIENTE ALGO
DIFERENTE, QUE
FIQUE MARCADO
NA MEMÓRIA DELE
E QUE O APROXIME
AINDA MAIS DA SUA
EMPRESA.

@RODRIGONOLL

Com o material em mãos e com a autorização do cliente, publique-o nas suas redes sociais ou em outros canais que seus clientes mais acessam. O importante é fazer a mensagem chegar à sua persona.

Campanha para resultados rápidos

Você sabe que as indicações são um canal de vendas e que são baseadas em um comportamento natural do ser humano, mas eu entendo que na primeira vez que for colocar um programa de indicação para rodar, você fique inseguro. Então, o que eu proponho é fazer um teste. Em gestão chamamos essa estratégia de MVP (*Minimum Viable Product* ou Produto Mínimo Viável, em português). É quando você coloca no mercado um produto mais simples, mas que se assemelha a versão final, feito com um orçamento menor, só para ver como é a aceitação dos clientes.

Em indicações também é possível fazer o seu MVP. Assim, em vez de lançar um programa de indicações, você faz uma campanha rápida de indicações que pode durar uma semana ou um mês. Pode ser algo apoiado em uma data especial como o Dia dos Namorados ou Dia das Mães. Para que sirva mesmo como um teste, você precisa se esforçar como se estivesse colocando um programa de indicações permanente para rodar.

Primeiro, a campanha deve ser comunicada para a sua base. Daí a importância de ter aquela tabela que ensinei no começo da nossa jornada. Use e-mail, site, posts no Instagram, Facebook ou outra rede social, enfim, o importante é que seus clientes saibam que ela existe. A mensagem também precisa ser clara. Se a persona não entender a dinâmica, seu teste não terá o resultado esperado. Como se trata de um MVP de um programa de indicação, também precisa haver uma recompensa para quem indicar outro cliente.

A vantagem do MVP é sentir o comportamento da base de clientes, sentir se há uma demanda reprimida, saber se a recompensa foi bem recebida. Se você detectar que não houve bom retorno, vale a pena ligar para os seus clientes mais fiéis e perguntar se souberam da campanha e o porquê de não participarem. Seja gentil, educado e explique que está querendo melhorar seu processo e que a opinião dele é muito importante. Esse será o seu melhor feedback.

A VANTAGEM DO MVP É SENTIR O COMPORTAMENTO DA BASE DE CLIENTES.

Experiências

Gerar experiências é oferecer ao seu cliente algo diferente, que fique marcado na memória dele e que o aproxime ainda mais da sua empresa. Pode ser algo ligado ao emocional (mexe com a emoção), ao físico (mexe com os sentidos) ou ao mental (algo que só acontece na mente do cliente).

Essa alavanca deve ser acionada para toda a base e deve ser diferenciada de acordo com o relacionamento do cliente com a empresa. Se é um cliente novo, ofereça a ele uma experiência de entrada, algo que o ajude a utilizar melhor o seu produto ou a desfrutar o seu serviço. Uma experiência de entrada, por exemplo, pode ser uma massagem de cinco minutos enquanto o cliente espera ser atendido em um consultório médico. Ou uma loja de roupas pode oferecer uma consultoria de estilo enquanto o cliente escolhe o que comprar.

Se o cliente já tem um relacionamento com a empresa, não faz sentido oferecer uma experiência de entrada. Ele já comprou o seu produto ou o seu serviço, já está fidelizado, então o que ele precisa é ser reencantado e surpreendido com algo a mais. É a experiência de pico. No exemplo do consultório médico, digamos que o paciente fez um tratamento estético. Você pode presenteá-lo com os produtos que ele precisará usar na recuperação da pele. Ou se for um dentista, pode oferecer um sorvete para o paciente consumir após a cirurgia. A loja de roupas pode oferecer um vídeo da consultora de estilo ensinando como combinar o look que o cliente comprou com outras peças e acessórios.

Ainda existe a experiência de saída que é acionada quando o cliente já comprou o produto mais caro do seu portfólio e você precisa celebrar essa parceria e mantê-lo ativo na sua base. No exemplo do consultório, você pode celebrar junto com o cliente e a sua equipe de funcionários o fim do tratamento. Que tal fazer uma festinha com espumante e petiscos e oferecer até um ensaio fotográfico? O cliente acabou um tratamento e está feliz com o resultado obtido, tem melhor maneira de comemorar a volta da autoestima dele? A loja de roupas pode enviar um acessório que complemente o look do cliente e que ele possa usar em um momento especial. Assim, o cliente pode ficar tão feliz que publicará a experiência em suas redes sociais, transformando o processo de encantamento em uma ação de marketing orgânica.

Enfim, esse momento de celebração é muito especial e tem que fazer sentido para o seu cliente, marcando-o afetivamente. Pense em como encantá-lo desde o primeiro momento.

Bônus

Essa alavanca aumenta a percepção de valor do seu produto pelo cliente. Aqui, o cliente compra o seu produto ou serviço e você oferece a ele um bônus, algo a mais que o agrade e que o ajude a aproveitar ainda mais a compra.

O ideal é que esse bônus tenha um baixo custo de entrega para a empresa, mas um alto valor para o cliente. Produtos digitais, como um e-book ou uma planilha são opções. Ou algo que possa ser deixado com o cliente já na entrega do produto.

Esse bônus não precisa necessariamente sair do seu custo. Você pode fazer uma parceria e mandar para o cliente algo dessa empresa parceira. De novo, as três pontas saem ganhando: o cliente, que recebeu um bônus; a sua empresa que agradou o cliente e o parceiro que conseguiu divulgar o seu produto. Mas não pode ser uma sobra, algo encalhado no estoque ou algo que não faz sentido com a oferta, lembre-se: o cliente precisa se sentir prestigiado.

A alavanca do bônus é usada em diversas situações. Você pode oferecer esse agrado ao cliente quando precisar quebrar uma objeção. Por exemplo, você vende cursos pela internet e um dos problemas apontados pelo cliente é a insegurança para colocar na prática as ações aprendidas em aula. Você então oferece uma planilha com o passo a passo de todas as ações que o cliente irá executar para ter sucesso na empreitada.

Você também atrai o cliente usando um bônus para algo que vai ser usado no futuro. Em um curso sobre e-commerce, por exemplo, você pode dar layouts de posts já prontos que o cliente usará nas redes sociais. Reforçando que a loja virtual dará resultados e que ele vai usar esses posts para crescer ainda mais o seu negócio.

Existem quatro tipos de bônus que você pode explorar: aquele que é um complemento do seu produto (como a planilha); o bônus da vitória (como os layouts de posts); o bônus que o ajuda a divulgar um novo produto (você vai lançar um produto e o coloca como bônus na oferta atual) e o bônus da escassez (algo de alto valor atrativo que mostre ao cliente que só ele terá essa vantagem, algo exclusivo).

Adapte essas sugestões para o seu negócio e aplique a alavanca de bônus!

Agora que você já conhece as seis estratégias para preparar a sua empresa para um programa de indicações – ao mesmo tempo que colhe os primeiros resultados – eu sugiro que as coloque em ação imediatamente, adaptando-as para o seu negócio ou para o seu segmento. Você é um empreendedor, você é o dono do negócio, é o responsável pelo crescimento, pelas vendas. Então pegue essas ideias e aplique-as. Você pode só fazer o feijão com arroz, mas quero que você venda mais, seja um produto ou um serviço. Portanto, coloque as alavancas em ação, trabalhe a satisfação do seu cliente e depois crie o seu programa de indicações.

Você já tem o conhecimento que precisa para começar a colher os primeiros resultados. Depois disso, nunca mais deixará o dinheiro na mesa!

CLIENTES MAIS SATISFEITOS INDICAM MAIS. FOQUE CRIAR CLIENTES SATISFEITOS PARA RECEBER MAIS INDICAÇÕES.

@RODRIGONOLL

AS INDICAÇÕES VÃO MUDAR A REALIDADE DO SEU NEGÓCIO

Já pensou há quanto tempo você quer mudar a realidade do seu negócio, mas sempre esbarra na necessidade de um novo investimento? Uma hora é preciso fazer melhorias na estrutura física, mas o orçamento para a reforma não encaixa nas despesas mensais. Outra hora você enxerga um gargalo no atendimento e precisa contratar mais colaboradores, mas não possui condições financeiras para esse incremento na folha de pagamentos. Outra hora é sei lá o quê. Há tantos motivos. E assim o tempo vai passando, o faturamento fica estancado e você não consegue fazer o negócio prosperar. Ao longo desta leitura eu mostrei que é possível sim crescer e aumentar o faturamento da sua empresa sem precisar colocar grana no jogo. Você só depende dos seus clientes. E se existe uma empresa, esse ativo você já tem.

Quando eu comecei a trabalhar com indicações e tive os primeiros resultados, lá em 2015, eu achava que era apenas uma ação isolada, uma estratégia de vendas momentânea que, ao acaso, estava dando certo. Mas comecei a perceber que quanto mais eu incentivava os clientes, mais indicações recebia. E indicações quentes, de pessoas que realmente

A TENDÊNCIA É QUE AS PESSOAS SE VOLTEM CADA VEZ MAIS PARA SEUS CÍRCULOS DE CONFIANÇA – AMIGOS E FAMILIARES – E PASSEM A BUSCAR AS INDICAÇÕES DE CONHECIDOS ANTES DE DECIDIREM SUAS COMPRAS.

queriam comprar nossos serviços. Também comecei a perceber que era uma estratégia que poderia ser usada em qualquer segmento.

Dando um salto no tempo, chego à Base Viral, empresa que fundei e se tornou referência em marketing de indicação. Já atendemos mais de 4 mil empresas em segmentos variados, de empresa de tecnologia a consultório dentário, de escola a clínica de estética, de evento de desenvolvimento pessoal a empresa de investimentos. Todos, sem exceção, colocaram seus programas de indicação para rodar e tiveram resultados positivos.

O marketing de indicação no Brasil é um oceano azul, ou seja, é um mercado com potencial gigantesco, embora pouco explorado. Portanto, você está um passo à frente da maioria dos empreendedores, porque agora já conhece como implementar essa estratégia de vendas no seu negócio e sua empresa está pronta para colher os resultados da indicação. É uma ideia simples, que você pode fazer com uma tabela de Excel ou o bom e velho papel e caneta.

Além disso, vivemos um cenário propício para as indicações. A multiplicidade de informações que recebemos todos os dias, as fake news, o tempo cada vez menor de atenção das pessoas, a concorrência que cresce a cada dia são fatores que tornam o mercado um território minado para quem quer empreender e um desafio para o consumidor que se vê perdido diante de tantos estímulos.

É POSSÍVEL AUMENTAR O FATURAMENTO DA SUA EMPRESA SEM PRECISAR DAR DESCONTOS OU GASTAR MAIS EM ANÚNCIOS.

@RODRIGONOLL

A tendência é que as pessoas se voltem cada vez mais para seus círculos de confiança – amigos e familiares – e passem a buscar as indicações de conhecidos antes de decidirem suas compras. Eu sei que já falei sobre esse assunto no livro, mas acho importante repetir. Se por um lado está mais difícil vender diretamente ao consumidor, por outro você tem em mãos a grande oportunidade de incentivar as indicações e vender mais por meio delas.

Não importa como está a economia, as pessoas nunca vão parar de indicar, então o marketing de indicação é a maneira de vender do presente. Ele sempre vai existir. E se você ainda não entrou nesse jogo, precisa se preparar para estar nele o mais rápido possível.

Comece devagar, não precisa fazer algo muito complicado no início. Trabalhe a satisfação do seu cliente e copie exatamente o que ensinei com o Método VPI. Não tente complicar demais ou acrescentar ideias novas nesse começo, com o tempo você aprenderá a controlar melhor o seu programa e, aí sim, estará pronto para personalizar o método.

Confie em mim. Eu estudei muito para entender como o marketing de indicação funciona no Brasil e no mundo e entreguei aqui todas as estratégias que desenvolvi nos últimos anos. Acredito muito na importância dessa transferência de conhecimento. Eu me tornei referência em marketing de indicação no Brasil e não tenho por que segurar isso só para mim.

Ao longo da minha vida, tive importantes saltos de aprendizagem e de crescimento e todos vieram quando eu resolvi seguir um método ou um mentor – aquela pessoa que sabe muito sobre determinado assunto e que nos guia ao longo da jornada. Por existirem várias maneiras de você aprender sobre algo, os caminhos são muitos diferentes. Quem vai prestar um vestibular, por exemplo, pode estudar sozinho, pode fazer aulas em um cursinho preparatório ou ainda contratar um professor particular. São três formas diferentes de preparar. Cada uma com esforços e resultados diferentes.

Eu prefiro aprender seguindo um método e um mentor, considero essa a maneira mais inteligente de crescer. E serve para todas as áreas da vida. Quer ser o melhor? Esteja entre os melhores, siga os melhores, aprenda com os melhores. E foi o melhor do Método VPI que entreguei neste livro. A partir de agora você tem a minha autorização (e incentivo!) para utilizar o método para desenvolver o seu negócio. O método foi testado e comprovado por muitos alunos e mentorados que passaram pela Base Viral. Se deu certo para tantas empresas, por que não daria certo para a sua?

Eu quero potencializar a transformação dos negócios. A história dos meus clientes comprova que isso é possível. Já trabalhei com pequenas, médias e grandes empresas e todas se beneficiaram do meu método, por isso acredito na minha missão e me sinto confortável em compartilhar com você. O meu objetivo é gerar um bilhão de reais de faturamento para as empresas que trabalham com o Método VPI. É um plano ousado? Sim, mas eu sei que é possível. Eu tenho muito orgulho da minha caminhada. E quero que você também tenha orgulho da sua jornada.

Antes de terminar, peço licença para contar uma história. No início de 2020 eu tive um grande privilégio: escalar o monte Kilimanjaro, a montanha mais alta do continente africano com quase 6 mil metros de altitude e localizada na Tanzânia. Foi uma experiência incrível e que exigiu muita preparação.

CONHEÇA MAIS SOBRE A MINHA EXPERIÊNCIA E SOBRE COMO ELA ME AJUDOU A EMPREENDER

https://www.instagram.com/rodrigonoll/

Nessa viagem, o nosso guia nos ensinou uma expressão bastante importante na língua local: *pole pole*, que significa manter seu caminho, devagar e com consistência. Isso é mais importante que velocidade, e também verdade no mundo dos negócios. Muitas empresas fecham porque tentam fazer algo novo rapidamente e esperam que dê certo, sem planejamento, sem preparo. Se você está nesta situação, pense no seu propósito. Respire fundo e só então continue. As empresas do futuro não acontecem do dia para a noite. Eu passei por isso e provavelmente acontecerá com você. Quem pensa que eu virei a maior referência em marketing e vendas por indicação no Brasil em um piscar de olhos, está completamente enganado. Mas a boa notícia é que você pôde cortar um bom caminho lendo este livro.

Apesar de todo mundo pensar que o êxtase é chegar ao cume, eu sabia que ainda tinha que voltar. Chegar ao topo significava que eu só estava no meio do caminho. A parte mais alta de uma montanha é a mais glamourosa, aonde todo mundo quer chegar, e comparo essa experiência a uma venda no mundo dos negócios: o sucesso não é o fim, eu ainda tenho muito o provar, e isso também exige um esforço enorme da minha parte. Então, se as vendas são o cume da montanha, a descida é, portanto, o pós-vendas, momento em que as indicações acontecem. Tenha em mente que **o pós-vendas é o novo vendas.**

Você já está na metade do caminho, tem uma empresa e vende um produto ou serviço. Continue a sua caminhada, coloque seu programa de indicação para frente. Não deixe essa oportunidade de lado esquecendo este livro em algum canto. Espero que você tenha riscado, anotado os insights e que tenha esta obra como fonte de apoio e insights para o seu negócio. Toda vez que surgir uma dúvida ou precisar se inspirar novamente, volte a ele, busque a informação que precisa, leia estas páginas e volte para o seu negócio renovado, pronto para crescer.

Chegou a sua vez de ser protagonista da sua história. Não tenha medo. Se chegou até aqui, está preparado para começar seu programa de indicação ou para dar continuidade àquele que já criou.

Desejo a você todo o sucesso! E nos encontramos lá no Instagram, no perfil @rodrigonoll.

Um grande abraço e siga em frente!

PARA MAIS CONTEÚDOS, ACESSE O LINK:

HTTPS://WWW.INSTAGRAM.COM/RODRIGONOLL/

TENHO UM PRESENTE PARA VOCÊ

Você recebeu um presente para continuar a sua jornada no marketing de indicação.

Para aplicar os próximos passos e ter sucesso, preparei para você dois materiais especiais que são utilizados apenas com os nossos clientes de consultoria na Base Viral.

Ao acessar o QR Code abaixo, você receberá:

1. **Checklist completo do marketing de indicação:** esse material foi desenvolvido pensado para ajudá-lo com o lançamento do seu programa de indicação;
2. **Canvas do marketing de indicação:** esse material vai ajudá-lo a construir o seu primeiro programa de indicação do zero.

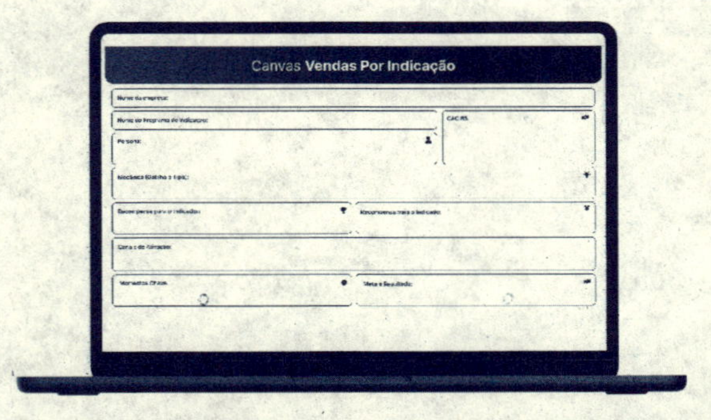

APONTE A CÂMERA DO SEU CELULAR OU ACESSE O LINK ABAIXO PARA RESGATAR O SEU PRESENTE:

WWW.RODRIGONOLL.COM.BR/PRESENTE

CONTEÚDOS EXTRAS

PALESTRAS

Convites para palestras, painéis e eventos, acesse o link:
www.rodrigonoll.com.br/palestras

CONSULTORIA

Para mais informações sobre o meu programa de consultoria, acesse o link:
www.rodrigonoll.com.br/consultoria

CURSO ON-LINE

Para ter acesso a mais de cinquenta aulas do meu curso online, acesse o link:
www.rodrigonoll.com.br/curso